발명교육을 통한 창의성 효과

발명교육을 통한 창의성 효과

김건웅 著

한국학술정보(주)

책 머리에

본 연구는 창의성 관련 문헌과 선행 연구를 토대로 연구자가 다년간 발명 동아리를 운영하고 지도해 오면서 경험에 의해 축적된 자료에 기초하였다.

부천시 원미구에 위치한 B, W초등학교에서 학교장과 담임교사의 동의를 얻어 선정된 초등학교 6학년 4개 학급(N=152)을 실험 대상으로 선정하였고, 실험 후 비교를 위해 실험을 진행하기 전에 각 집단의 지능 검사와 창의성 검사를 실시하여 지능 수준과 창의성 수준이 비슷한 보통 수준 집단(실험집단1, 실험집단2)으로 분류하였다.

실험집단1(N=76)에게는 실험 기간 동안 연구자가 제작한 창의성 향상 발명 프로그램으로 교육 관리하고, 실험집단2(N=76)에게는 같은 분량의 동 프로그램을 단순히 살펴보는 집단으로 약 1년 동안 38주 38차시에 걸쳐 실험을 실시한 결과 실험집단1이 실험집단2보다 지각적 개방성, 유창성, 융통성, 독창성의 모든 면에서 더욱 의미 있게 향상되었으므로 창의성 향상 발명 프로그램의 적용이 청소년의 창의성 계발에 상당히 효과가 있음을 알 수 있었다.

프로그램의 적용이 끝난 후 지능 수준이 높은 집단과 낮은 집단, 창의성 수준이 높은 집단과 낮은 집단으로 분류하고, 수집된 모든 자료는 WINDOWS용 SPSSWIN. 10.0프로그램을 운용하여, t-test, F 검증·효과 크기의 비교·획득 점수의 비교·공분산분석(ANCOVA)·다변량분산분석(MANOVA)·Pearson 상관 계수·다중회귀분석 등의 통계적 방법을 사용하여 처리하였다.

본 연구의 결과는 다음과 같다.

1. 연구의 실행 전에는 유창성과 융통성은 실험집단1이 실험집단2보다 약간 높으나 지각적 개방성, 독창성은 실험집단1이 실험집단2에 비해 약간 낮은 경향을 보이고 있었다.

2. 창의성 향상 발명 프로그램을 실시한 실험집단1은 실험집단2에 비해 향상 효과가 있을 것이라는 [가설 1]이 긍정되었다.

3. 창의성 향상 발명 프로그램을 실시한 실험집단1의 높은 지능 집단은 실험집단2에 비해 유창성, 융통성, 창의성 향상 효과가 있는 것으로 검증되었다.

4. 창의성 향상 발명 프로그램을 실시한 실험집단1의 높은 창의성 집단은 실험집단2의 높은 창의성 집단에 비해 지각적 개방성, 유창성, 융통성, 독창성의 모든 요인에서 향상 효과가 있는 것으로 검증되었다.

5. 사후검사에서 개방성, 유창성, 융통성, 독창성, 창의성의 경우 높은 지능 집단이 낮은 지능 집단보다 높게 나타났다.

6. 실험집단1의 경우 창의성별, 요인별 차이 검증을 살펴보면 사후검사에서 개방성, 유창성, 융통성, 독창성, 창의성의 경우 높은 창의성 집단이 낮은 창의성 집단보다 높게 나타났다.

2006년 2월

김 건 용

목 차

표 목차

그림 목차

Ⅰ. 서 론

A. 문제의 제기

정보화 사회로 일컬어지는 21세기 미래사회에 대비하기 위해서는 학교 교육을 통해 새로운 정보를 창출해 내는 자기 주도적이며 창의성이 있는 인간을 육성하지 않으면 선진·복지 국가의 대열에 동참할 수 없으리라는 것은 주지의 사실이다.

교육의 역할 중 하나가 인간의 잠재 능력을 계발하는데 있다면, 청소년은 어릴 때부터 자기 자신의 아이디어를 창출해 내고, 스스로 판단하며 계획하여 자주적으로 활동할 수 있도록 가르침을 받아야 한다.

현재의 교육 방법으로는 폭증하는 지식 전부를 가르치기는 어려우며 첨단 기술도 며칠 지나면 쓸모가 없어지는 것이 오늘날의 현실이다. 따라서 늘 새로운 지식을 받아 들여야 하는 교육 현장에서 미래사회가 가장 필요로 하는 창의적인 청소년을 길러 내는 것이 교육의 당연한 책무라 할 수 있다.

그러나 학교 교육의 현장에서는 창의성을 기르기 위한 학습 방법에 대한 노력 부족과 창의성 신장에 대한 교사의 인식 부족으로 창의성 계발 교육이 제대로 뿌리를 내리지 못하고 있는 실정이다. 또한 청소년들의 호기심, 탐구심, 개척 정신, 정보 처리 능력, 개방성 등을 길러 주는 학습 자료의 부족 및 개발 의욕의 소홀로 자율적이고 허용적인 학습 분위기와 창의성 계발에 적합한 학습 환경을 조성하려는 생각과 노력이 극히 일부에서만 시행·추구될 뿐 매우 침체되어 있다.

청소년기는 바람직한 자아확립과 인격의 통합적 발달이라는 과업을 수행하는 개인적 차원에서뿐만 아니라 청소년들의 올바른 성장이 내일의 국가 발전과 직결된다는 거시적 측면에서도 한 인간의 일생에 있어 가장 중요한 시기로 주목된다. "국가의 장래는 청소년들의 모습을 통하여 예측할 수 있다."는 말과 같이 청소년은 국가 장래의 중추적 기반이며 초석으로 기대되고 있다.

청소년기에 같은 목적과 같은 관심을 가진 또래끼리의 동아리 활동을 통한 폭넓은 경험 습득은 건전한 성인으로 자라나는 청소년들이 거쳐가야 할 매우 중요한 과정이라 하겠다.

청소년들이 동아리 활동을 통해 건전하게 육성되고 지도하는 것은 어느 국가, 어느 시대, 어느 사회에서나 늘 중요시되어 오는 공통적인 관심사이며 더욱이 현재의 청소년들이 인류 역사의 주역이 되는 시점에서는 그 중요성이 더욱 커졌다(오치선 외, 1999 : 3).

그런데 21세기를 이끌어 갈 청소년들에게 창의성 계발, 창의적 문제해결 능력, 과학·기술정보 탐색능력, 합리적 사고를 길러 주는 창의적 문제해결 교육 및 산업재산권 교육, 즉 발명 교육과 창의성 교육이 부족하다고 평가되고 있다(이주형, 2003 : 47).

국제사회의 유능한 인재 양성을 위하여 교육인적자원부, 특허청, 한국발명협회, 대한민국 청소년 발명아이디어 디자인 대회 조직위원회 등에서는 어려서부터 발명에 대한 새로운 인식과 관심을 고조시켜 발명 인구의 저변 확대를 도모하고 우수 발명가의 육성을 위해 각급 학교에 발명동아리를 설치 운영하도록 하고 있다.

학교 발명 교육 실태를 보면 발명과 창의성의 중요성은 알고 있으나 현실적으로 시간적 공간적 제약이 많아 다양한 발명 프로그램을 제공할 여유가 없는 것이 사실이며 심지어 대외 행사에 참가하여 학교의 실적을 올리기 위한 수단으로서 동아리 활동을 운영하고 있는 경우도 있다.

Callahan(1991 : 219)과 Renzulli(1978 : 180-184)는 창의성이 영재성

의 중요한 구성 요소이고 창의성 프로그램은 영재교육 프로그램의 기본적인 요소라고 지적하였고, 영재의 학습욕구를 충족시켜, 독특한 특성을 인식하며 계발시켜 나아가는데 반드시 필요한 것이라고 주장하였다. 이들은 모두 창의성 프로그램이 영재 교육의 근간을 이룬다는 점을 강조하였다.

청소년의 창의성 향상을 위해 실질적으로 활용될 수 있는 창의성 향상 발명 프로그램을 제작하여 그 적용을 통한 실험집단별 특성에 따라 창의성 효과를 검증하는 연구는 매우 중요한 과제라 하겠다.

위와 같은 관점에서 이 연구의 문제를 제기하면 다음과 같다.
① 초등학생들의 발명 교육에 관한 관심은 어느 정도인가?
② 초등학교 현장에 창의성 향상 발명 프로그램은 얼마나 있는가?
③ 영재 교육과 창의성 교육은 어떤 관계가 있는가?
④ 발명동아리 운영은 어떻게 설정하여 운영할 것인가?
⑤ 창의성 향상 발명 프로그램을 어떻게 효과적으로 전개할 것인가?
⑥ 창의성 향상 발명 프로그램의 효과를 검증한 자료가 얼마나 있는가?

이러한 맥락에서 본 연구가 가지는 의의는 다음과 같다.
첫째, 청소년들이 선호하고 참여하는 발명동아리 활동을 통해 그들이 무엇을 요구하는가에 대해 파악할 수 있으며, 지도교사들이 발명동아리를 이해하는데 도움을 줄 것이다.
둘째, 청소년들의 발명동아리 활동에 있어서 청소년들의 특기와 적성을 파악할 수 있을 것이다.
셋째, 영재 교육과 창의성 교육의 관계를 이해하는데 도움을 줄 수 있을 것이다.
넷째, 청소년 발명동아리 활동을 통한 창의성 향상 발명 프로그램에 관한 연구가 부족한 상태에서 후속 연구에 도움을 줄 수 있을 것이다.

　다섯째, 발명 프로그램 실험 적용에 따른 창의성 향상 효과를 파악하여 관심 있는 관계자에게 도움을 줄 것이다.

　위의 문제점과 의의에 의거하여 본 연구에서는 다음의 가설을 설정하였다.

[가설 1] 창의성 향상 발명 프로그램을 수행한 실험집단1은 실험집단 2에 비해 효과가 있을 것이다.

　[가설 1]을 설정한 이유는 Templeton(1984)은 Productive Thinking Program으로 독창성과 정교성의 점수를 증가시켰고, Katiyar와 Jarial(1985)도 창의성 계발 프로그램으로 훈련시켜 효과가 있었다고 보고하였으며 Stasinos(1984)의 연구에서도 '창의성에의 새로운 방향'이라는 프로그램으로 유창성, 융통성, 독창성, 정교성 점수가 향상되었다. 허경철 외(1990)도 '창의적 사고력 프로그램의 적용'을 통해 창의적 사고력 검사에서 점수가 의미 있게 향상되었으며, 이인순(1987)의 연구에서도 '창의성에의 새로운 방향 프로그램'으로 12주간의 훈련 결과 창의성 향상에 효과가 있었다. 그러나 Vaught(1984)의 연구에서는 창의성 향상 훈련 결과 향상 효과가 없었다.

　본 연구에서 창의성 향상 발명 프로그램을 수행한 실험집단1은 프로그램을 수행하지 않은 실험집단2에 비해 창의성이 향상될 것인지를 알아보기 위해 가설을 설정하였다.

[가설 2] 창의성 향상 발명 프로그램을 수행한 실험집단1 내에서도 지능과 창의성의 높고 낮은 수준별 하위 집단간의 효과에 차이가 있을 것이다.

[가설 2]를 설정한 이유는 드 보노(1987)가 개인의 지능 지수의 차이와는 상관없이 프로그램의 효과는 동일한 것으로 밝히고 있으나 Patton, Kaplan 와 Shore(1982)와 Owen(1982)은 지능 관련 프로그램을 적용시켜서 영재에게 더 효과적이었다고 보고하였으며 황상민 외(1995)는 드 보노의 CoRT(Cognitive Research Trust Program) 프로그램 훈련을 통해 지능의 상·중·하 집단별로 대인간 문제해결력 향상에 차이가 있는지를 분석한 결과, 지능이 높은 학생이 지능이 낮은 학생에 비해 대인간 문제해결 능력의 향상에 있어서 더 뚜렷한 향상이 있었다고 밝혔다.

반면 이기우(1997)는 지능 관련 프로그램이 지능과 학업성적이 낮은 학생에게 더 효과적이었음을 확인하였고 Blazey와 Mead(1972)도 영재보다는 오히려 학습 부진아에게 더 효과적이라는 상반된 연구 결과를 보고하였다. Torrance(1979)의 연구에서는 지능수준의 결정점(crystallization point)이 훈련 효과를 결정짓는 중요한 변인이 된다고 주장한 점에 미루어 프로그램의 효과가 획일적으로 나타나는 것이 아니라 실험 대상의 개인적 특성별로 서로 다르게 나타난다는 것을 알 수 있었다.

본 연구에서도 초등학생의 특성 및 지능과 창의성의 높고, 낮은 수준별 하위 집단간의 향상 효과에 차이가 있는지를 알아보기 위해 가설을 설정하였다.

B. 연구의 필요성 및 목적

선진국에서는 "100명의 박사보다 1명의 발명가"라는 새로운 구호를 내걸고 창의성이 있는 발명가를 발굴하고 육성하는 데에 온 힘을 쏟고 있다. 이것은 미래사회는 물질 문명의 발달이 양적인 면에서 질적인 면으로 바뀌면서 지식과 기술로 대표되는 최첨단 산업과 지적 재산권이 국가 경쟁력의 지표가 될 것이라는 것을 의미한다.

한국 경제의 구조적인 위기도 사회 전체의 창의성 부족이 한 원인이 되며 암기 위주의 주입식 교육과 교사들이 창의성과 발명 교육을 외면한 것이 가장 큰 원인이라 할 수 있기 때문에 창의성 향상에 대한 연구가 절실히 요구되며, 더 나아가 이에 대한 발명 프로그램을 체계적으로 연구 개발하여 학교에 보급하면 발명동아리 운영에 길잡이 역할을 할 수 있을 것이고, 발명과 창의성에 대한 관심과 참여가 확대되어 활성화 될 것이다.

발명동아리 학생들의 창의력 계발과 발명 교육이 대개는 작품 및 입상 위주의 지도로 학생 자신의 창작보다는 학부모와 교사의 영향이 지나친 점이 많았다. 따라서 다양한 발명 교육과 흥미 있는 창의성 교육을 바탕으로 발명동아리 학생들의 창의성 향상 연구에 보다 많은 관심을 기울여야 할 것이다.

본 연구는 위와 같은 관점에서 청소년 발명동아리 운영을 통한 창의성 향상 발명 프로그램의 효과 연구를 통하여 향후 발명 및 창의성 동아리 활동 프로그램 개발 및 학술적·실질적 연구가 더욱 활발히 이루어질 것에 대비한 준거 틀을 마련하는데 연구의 목적이 있으며 그 구체적 연구의 목표는 다음과 같다.

첫째, 창의성 향상 발명 프로그램이 초등학생의 지능과 창의성 수준별 특성에 따른 집단별로 효과를 검증한다.

둘째, 초등학생의 지능차에 따른 발명 프로그램이 창의성 계발에 미치는 영향을 파악한다.

셋째, 초등학생의 창의성 수준차에 따른 발명 프로그램이 창의성 계발에 미치는 영향을 분석한다.

넷째, 교사가 지각한 창의성 교육의 활성화 방안을 분석하여 초등학생을 위한 효과적인 창의성 교육을 실시함에 있어 기초 자료를 제시하고자 한다.

C. 연구의 제한점

1. 본 연구는 부천시 초등학교에서 행해지는 청소년 발명동아리 활동으로 제한하여 연구한 것이므로 그 결과를 전체 청소년들의 발명동아리 활동으로 일반화하여 설명하기에는 한계가 있다.

2. 창의성 향상 발명 프로그램을 지각적 개방성, 유창성, 융통성, 독창성 등 창의성 요인별로 구분하기에는 한계가 있다.

D. 용어의 정의

여기에서 정의한 조작적 용어의 개념은 아래와 같다.

1. **발명동아리**: '발명동아리'란 발명과 동아리의 합성어로 '발명을 활동을 통한 공통의 목적과 관심사에 의해 형성, 운영되는 작은 모둠'이란 의미를 갖고 있는 개념이다.

2. **높은 지능 집단**: 한국교육개발원의 집단 지능검사에서 평균 이상의 범위에 해당되는 지수(IQ 110 이상)를 얻은 집단이다.

3. **낮은 지능 집단**: 한국교육개발원의 집단 지능검사에서 평균 이하의 범위에 해당되는 지수(IQ 89 이하)를 얻은 집단이다.

4. **높은 창의성 집단**: 창의성 검사에서 상위 30% 이내의 점수를 받은 집단이다.

5. **낮은 창의성 집단**: 창의성 검사에서 하위 30% 이내의 점수를 받은 집단이다.

Ⅱ. 이론적 배경

A. 청소년기 창의성 계발과 발명

1. 청소년기의 특성

청소년 초기에는 새로운 사고방식이 발달되기 시작한다. 이 시기의 청소년들은 아동기의 "바로-지금(here-and-now)"이라는 즉흥적인 사고 체계에 더 이상 머물러 있지 않고 보다 수준 높게 사고하는 기술 즉, 창의성을 발달시키기 시작한다. 이상(理想)에 대해 생각하고 자신의 미래에 대해 생각하기 시작하며 예측해 보기도 한다. 또한 과거에 자신들이 믿고 있었던 것에 대해 의문을 제기하고 새로운 신념을 탐색하기도 한다.

최근에 와서 세계화 정보화 시대를 맞고 있는 우리는 국제 경쟁력을 높이고 미래사회에 대비하기 위한 청소년의 창의성 교육을 집중시킬 필요성이 절실하다. 따라서 청소년 교육이 나아갈 길은 선진국의 과학 기술에 대한 모방이나, 답습에서 벗어나 자기 스스로 문제를 해결하는 창의성이 풍부한 청소년을 육성해야 한다.

지금까지의 지식 위주나 입시 경쟁에 따른 전통적인 교육방법으로는 국제 경쟁력에 부응하는 사회로 만들어 나가기는 어렵다고 볼 때 아직 고정관념이 적은 청소년 때부터 창의성을 높여 새로운 것을 창출해 내는 능력과 태도를 길러주어야 하며, 특히 다음과 같은 이유에서 발명 프로그램을 통한 창의성 계발 지도가 필요함을 알 수 있다.

첫째, 발명은 창의성을 길러준다.

발명은 작은 관심만 있어도 누구나 할 수 있지만 진정한 창작품은 홀

류한 아이디어를 바탕으로 하며 창의성에서 나오기 때문이다. 창의성은 교육에 의해서도 충분히 길러질 수 있으며, 청소년을 위한 각종 경진대회에서 이를 증명하고 있다. 발명을 하는 청소년은 만물을 새롭게 보는 눈을 갖게 되며 과학을 기초로 한 새로운 세상을 만들고자 하는 아이디어를 탐구하게 되고 결과적으로 청소년의 창의성을 크게 향상시켜 준다.

둘째, 발명은 스스로 학습하는 사람으로 만든다.

발명이란 일상생활에서 불편하거나 문제가 있는 것 등 쉽고 편한 쪽으로 해결하려는 창의 과정으로, 발명가는 주변의 문제점들을 관찰하고 개선하려는 문제의식과 개선의지를 갖고 이를 해결하기 위하여 자기 주도적으로 상당한 학습을 함으로써 자신도 모르는 사이에 그 분야의 전문가가 되기도 하며, 체계적이고 과학적인 문제해결 능력을 갖추게 된다.

셋째, 발명은 자신을 차별화 시킨다.

세계는 새로운 교역질서가 본격화되고 국가간·지역간의 장벽이 무너지면서 오직 세계 일류만이 살아남을 수 있는 무한 경쟁시대에 접어들었다. 영국의 수상 윈스턴 처칠은 "배우기는 싫어하지 않지만 가르침 받는 것은 싫다."고 하였다고 한다. 발명은 스스로의 노력으로 학문적이나 정신적으로 자신을 변화시키며 그 과정을 통해 다른 사람과 차별되는 능력을 갖추게 된다.

넷째, 발명은 적극적이고 긍정적인 사람으로 만든다.

인재를 양성하고 발명에 대한 청소년들의 인식을 제고하기 위해서는 꾸준한 노력과 인내로 청소년 시절부터 발명에 대한 마인드를 심어줘 발명의 꿈나무가 자라날 수 있는 분위기를 만들어 주는 것이 중요하며, 모든 일에 대해 적극적이고 긍정적이어야 한다.

다섯째, 발명은 경제적이며 미래지향적인 사람을 만든다.

세상에는 무한대의 새로운 아이디어, 서비스나 제품을 제공할 수 있는 많은 사람과 제품들이 있지만 우수한 사업 시스템을 만들 수 있는 사람은 극소수에 불과하다.

최근 청소년들은 발명을 통해 자신의 이상을 실현하고자 노력하며, 일부 청소년은 특허를 통해 벤처기업을 만들어 고등학생 또는 대학생 시절에 이미 상당한 사업가의 반열에 올라서기도 하는 등 현명한 청소년들은 이제 특허를 그들의 대학 진학이나 미래의 꿈을 실현하도록 경제적인 면을 매우 신중하게 고려하면서 발명을 하고 있다(주재만, 2003 : 20-21).

이상과 같은 이유로 청소년 육성과 발명의 관련성은 매우 중요하다고 생각한다. 세계적으로 유명한 발명가들을 보면 지적이거나 신체적인 특성보다는 창의성이 뛰어난 사람들이거나 어릴 때부터 부모와 지도자들이 창의성 향상을 위해 애쓴 사람들임을 알 수 있다.

가. 동아리 활동의 학문적 지도

인간은 취미·오락·스포츠·문화 창조·사상학습·실용 지식·기술 습득·정치 이해관계 등에 따라 다양한 동아리를 형성한다. 이는 개인의 문화적·사회적 욕구를 동호인들끼리 좀더 효율적으로 충족시키고, 자기 발전을 이루려는 자발적 소집단이다.

한국에서의 청소년 동아리 활동의 역사는 일제와 구한말을 거쳐 삼국시대까지 거슬러 올라갈 정도로 그 뿌리가 깊다. '세계 청소년의 해'(1985)를 기점으로 국가정책차원에서 '청소년 육성법'(1987)이 제정되었고 '청소년 헌장'(1990)이 선포되었으며, 청소년 기본법이 1991년 12월 31일 국회를 통과하고, 1993년 1월 1일부터 시행되기에 이르렀다.

청소년 기본법이 시행되기에 앞서서 청소년 동아리 활동을 뒷받침하기 위한 학문적 출발은 1991년 6월 13일 吳治善의 학과 신설 신청서를 받은 명지대학교가 교육부에 신청하여, 1991년 10월 22일 대학 25413-1041호로 청소년지도학과가 한국 최초로 인가 신설되면서부터(Chi Sun Oh, 1992 :

ii-iv) 동아리 활동의 프로그램 제작과 지도방법의 연구 등이 본격적으로 이루어졌다.

청소년 동아리 활동을 대학 강의에서 지도하게 된 것은 1992년 명지대학교 청소년지도학과의 청소년 활동론 강좌에 청소년 동아리 활동의 지도방법론을 한국에서 처음 지도하였다. 이후 1991년 11월 7일 청소년지도학 전공 석사학위 과정이 그리고 1996년 11월 2일 박사학위 과정이 명지대학교에 한국 최초로 인가되어 학문의 깊이를 더하게 되었다(청소년지도학 논문집 1996 : 366).

그 후 '1차 청소년육성 5개년 계획(1993-1998)'이 시행되면서 본격적으로 한국에서 현대적 의미의 청소년 동아리 활동이 뿌리내리고 자리 매김 하게 되었다(오치선, 2000 : 375).

나. 발명동아리의 활동

청소년 동아리 활동은 자주적 활동으로서 취미나 소질, 가치관이나 문제의식 등을 공유하는 청소년들에 의해 자생된 자치활동이라 할 수 있으며, 자치적이며 지속적인 청소년 활동을 의미한다(허성욱, 2001 : 8).

교육부 고시 제1997-15호에 의해 2000년 3월 1일부터 학교별로 단계적으로 시행에 들어간 제7차 특별활동 교육과정의 자치활동, 적응활동, 계발활동, 봉사활동, 행사활동의 5대 영역에서 계발활동의 학술문예활동, 보건체육활동, 실습노작활동, 여가문화활동, 정보통신활동, 청소년단체활동 등의 세부영역 중 하나인 여가문화활동은 청소년들이 학교 내외(內外)에서 건전한 동아리를 구성하여 활동 할 수 있게 하는 제도적인 장치를 마련하여 청소년들에게 적극 권장하고 있다.

청소년 발명동아리가 지니고 있는 가장 큰 강점은 활동 자체가 청소년들의 희망에 따른 관심에서 출발하여 활동의 계획과 운영이 청소년의 특기와 적성 등을 고려하여 이루어진다는 점이다. 또한 발명동아리 활동은 활동 범주가 제한되어 있지 않기 때문에 청소년들이 보다 다양하고 창의적인 활동을 만들어 나갈 수 있는 장점이 있다.

2. 발명과 창의성 계발

발명 교육의 목적은 청소년들로 하여금 창의적인 고등 사고력을 길러서 고부가가치(高附加價値)를 창출할 수 있는 사람이 되도록 하는 데 있으므로, 발명은 창의성의 산물이고 창의성은 발명의 원동력이 된다는 것을 알 수 있다.

가. 발명 교육의 필요성

오늘날은 포성 없는 기술전쟁의 시대이다. 국가마다 자국의 이익을 위하여 지적 소유권 보호를 통한 기술 산업 보호의 필요한 모든 조치를 취하고 있으며 지속적인 경제 성장과 수출증대를 위한 기술혁신을 통해 국제 경쟁력을 높일 수 있는 부가가치가 높은 신상품 개발에 주력하고 있다. 그러므로 초등학교에서는 고도의 정보화 사회, 첨단 기술 사회의 모든 분야에서 고도의 지적 수준을 지닌 창의적이고 능동적인 인간을 기르기 위해 미래를 준비하는 교육이 이루어져야 한다. 발명 교육은 이러한 미래를 준비하는 학생들의 창의성을 계발하기 위한 프로그램이며 직접적이고 실천적인 교육방법의 하나로 연구되고 있다.

미래 사회에서는 우수 발명 인력의 확보가 그 나라의 국운을 좌우한다고 해도 과언이 아니다. 그러므로 발명진흥 교육은 매우 중요한 일로 대두되고 있다. 우수 발명가의 육성을 위해 특허청과 교육인적자원부에서는 어려서부터 발명에 대한 새로운 인식과 관심을 고조시켜 발명 인구

의 저변 확대를 도모하고 고도 산업사회에 대처할 수 있는 전문 기술인
력의 양성과 발명 한국의 기틀을 마련하고자 각급 학교에 발명동아리를
설치 운영하도록 하고 있다.

나. 발명과 창의적 사고

생각하는 능력은 인간만이 가지고 있는 고유한 지적 능력으로 이를
사고력이라 한다. 사고력은 저절로 길러지는 것이 아니라 교육을 통해
길러질 수 있는 능력으로 인간의 사고 능력은 크게 비판적 사고와 창의
적 사고로 나뉘어 진다.

몇 년 전부터 논리력 신장을 위한 많은 책들이 발간되고 논리력을 신
장시키는 프로그램이 많이 개발되고 있는데 혹자는 논리력을 사고력의
전부로 말하기도 한다. 논리적 사고는 비판적 사고의 기능에 들어가는
요소로서 논리적 사고능력이 뛰어나다고 해서 창의적 사고력이 뛰어나다
고는 볼 수 없다.

사고활동이란 문제 상황이나 장면에 직면하여 그 문제를 해결해 나가
는 체계적인 지적 활동이며 비판적 사고와 창의적 사고의 두 영역이 궁
극적으로 문제 대응 과정에 요청되는 가장 핵심적이며 중추적인 사고의
영역이다(특허청, 2003).

1) 비판적 사고

비판적이란 말이 반항적, 반체제적, 비순응적이란 어감을 주므로 비판
적 사고에 대해 약간의 편견을 갖고 있는 사람들이 있다. 인간 사고 심
리학에서 비판적 사고는 창의적 사고, 논리적 사고, 탐구적 사고, 상위
인지적 사고 등과 함께 인간의 주요한 사고 유형으로 간주되고 있으며
어떤 경우에는 창의적 사고와 함께 인간의 양대 사고 유형으로 간주되기

도 한다(김흥원, 1994 : 44).

2) 창의적 사고

창의적 사고는 주변 상황과 조건에 관계하지 않고 생각을 무한하고 넓게 펼쳐 나가는 발산적 사고 과정을 말하며 여러 가지 정보와 일정한 사고과정, 단계를 통하여 집중적으로 가장 적절한 해결책을 찾아가는 수렴적인 사고 과정이라고 할 수 있다. 즉 이성적이고 반성적인 사고 과정, 논리적이고 체계적인 사고 과정을 통해 바르고 깊게 생각하도록 돕는 사고이다(한국교육개발원, 1990 : 223).

창의적 사고의 기능은 주변의 환경에 대해 민감한 관심을 보이고 이를 통해 새로운 탐색 영역을 넓히는 능력이고, 주어진 자극에 대해서 가능한 많은 양의 아이디어를 산출하는 능력이다.

특히, 주어진 문제에 대하여 한 가지 방법에 집착하지 않고 다양한 접근 방법을 취할 수 있는 능력과 문제 사태에 대하여 통상적인 것에서 탈피하여 참신하고 독특한 아이디어를 산출해 내는 사고 능력 등 다듬어지지 않은 기존의 아이디어를 보다 치밀한 것으로 발전시키는 능력이 창의성을 함양하는 기능으로 볼 수 있다.

창의적 사고는 민감한 관심을 갖고 관찰하며, 문제를 인식하면서 바로 해결책을 내놓지 않고 여러 가지 해결 가능성을 찾고, 이를 다듬어 구체화시키는 것이 결과로 나타나는 것이다.

〈그림 Ⅱ-1〉 사고력 프로그램 개발을 위한 개념 모형

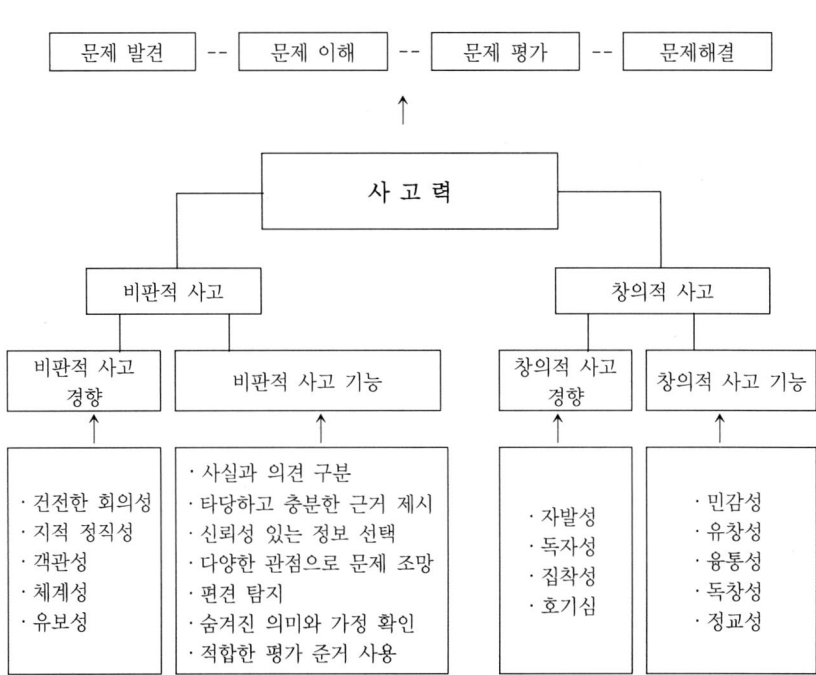

자료 : 한국교육개발원. 1993 : 12.

3) 수직적 사고, 수평적 사고, 입체적 사고

수직적 사고와 수평적 사고는 고정 관념이라는 용어와 함께 귀에 익숙한 창의성과 관계되는 용어이다.

가) 수직적 사고

수직적 사고는 창의성 교육의 선구자인 드 보노가 처음으로 사용한 것으로 과학이나 일상생활에서 하게 되는 일반적인 사고에 대해서 붙인 용어로 수평적 사고와 대비되는 개념이다. 수직적 사고는 서양의 합리주의와 연결되는 사고의 방법으로 합리적이고 직선적이며 단계적인 사고법으로 확률이 가장 높은 과정으로 밟아 가는 과정으로 교육받은 사람들이

행하는 자연스런 방법이다. 이는 비판적 사고와 많은 점에서 유사하다. 그러나 수직적 사고는 생각하는 버릇이 정해져 성격이 다른 문제를 해결할 때도 문제 유형에 따른 생각의 차이를 나타내지 않고, 고정화되고 습관적인 방법으로 처리하는 단점이 있다.

나) 수평적 사고

수평적 사고는 고정화된 수직적 사고와 대별되는 개념으로 자유롭게 사고하는 자생적 사고와 유사한 용어로 쓰인다. 이것은 가능성이 높은 쪽만으로 생각하는 수직적 사고와 달리 가능성이 낮은 것도 같은 기대를 갖고 사고하는 것이다. 따라서 같은 유형의 문제를 해결하기 위해서 매번 수평적 사고를 행하는 것은 비효율적이다. 수평적 사고는 새로운 유형의 문제를 다양하게 새로운 관점으로 해석하고 다양한 답을 찾기 위해 문제를 분해하여 단순화하고 도식화, 기호화, 재배열 및 조합하여 뇌 속에 잠재된 다른 정보와 개념에 의해 새롭게 해석되어 문제를 해결하는 사고 기법이다. 이는 창의적 사고에 관한 여러 가지 기법과 유사하다.

다) 입체적 사고

수평적 사고로 모든 문제를 해결하는 것은 비효율적이 되기 쉽다. 따라서 수직적 사고가 한계에 도달하여 문제해결의 진척이 보이지 않으면 수평적 사고의 도움을 받아 문제를 새롭게 해석하고 아이디어를 찾아 다양한 해결 방안을 모색하는 것이 입체적 사고이다. 이것은 종합적인 사고 능력으로 창의적 사고와 비슷하다.

다. 창의성과 발명의 관계

창의성을 정확히 정의하기란 쉬운 일이 아니다. 왜냐하면 인간의 모든 사고와 행위가 모두 다소간 창의성과 관련이 되어 있기 때문이다. 그것은 인간이 본질적으로 창의적인 존재이기 때문이기도 하다. 그렇기 때문에 넓게는 인간의 모든 사고와 행위 자체가 모두 창의적인 것이라고도 볼 수 있다. 그러나 일반적으로 창의성을 논할 때에는 이러한 광의의 창의성이 아니라 보통 일상적인 인간의 사고와 행위와는 다른 어떤 독특한 특징을 일컫는다. 즉, 남들이 하지 않는 새로운 어떤 발상이나 행위를 말하는 것이라고 할 수 있다. 영어로 creativity라고 하면 새로운 것을 창조해 내는 것을 의미한다. 이런 의미에서 볼 때, 창의성이란 판에 박힌 대로 사고하지 않고 융통성 있는 사고를 통해 새로운 아이디어를 고안(발명)해 내는 능력과 경향, 혹은 지금 것과는 다르거나 현재에서 새롭게 가능한 어떤 대안을 발견하는 정신과정, 또는 새롭고 독창적인 아이디어(소산, 작품, 생산품)를 창출하는 사고능력이라고 정의할 수 있다(정종진, 2002 : 7).

이 세상에 없는 새로운 것을 만들려는 시도가 있고 일련의 시행착오를 거친 뒤 결과로서 발명품이 완성되는데 이와 같은 남다른 생각을 하는 일련의 과정을 흔히 창의성이라 하며, 창의성이 창의적 문제해결의 결과로서 새로운 무엇이 만들어질 때 발명으로 나타난 것으로 보아 창의성과 발명은 불가분의 관계라 할 수 있다.

21세기를 이끌어 갈 청소년들에게 창의성 계발, 창의적 문제해결 능력, 과학 기술정보 탐색 능력, 합리적 사고를 길러 주는 창의적 문제해결 교육 및 산업재산권 교육, 즉 발명 교육과 창의성 교육은 매우 중요한 것이다. 발명과 창의성 교육은 개인적인 측면에서 볼 때 사물을 관찰, 탐구하는 능력, 사고력, 창의성, 창의적 문제해결 능력 향상에 많은 영향을 주어 사회 적응 능력이 향상되며, 국가적인 측면에서 볼 때 국가 경쟁력의 제고가 된다.

무한 경쟁 시대를 맞이하면서 모든 나라가 기술 경쟁력 확보를 위해 새로운 기술 개발에 온 힘을 기울이고 있는 지금, 한국이 국가 경제의 어려움에서 벗어나 선진 산업국으로 진입하기 위한 지름길은 발명과 창의성 교육을 통하여 청소년을 사회에 필요한 인재로 길러내는 것이다. 따라서 창의성 교육을 통한 발명 인재의 육성은 21세기의 무한 경쟁 시대에서 산업재산권 확보의 운동이라 할 수 있으며, 희망찬 미래를 보장할 수 있는 길이다.

3. 창의성 교육

가) 창의성 교육의 필요성

현대의 산업화는 자원 이상으로 인간의 창의적 소산에 기대를 걸고 있다. 국가간의 치열한 경쟁에서 이기려면 청소년들의 창의성 계발에 비중을 두어야 한다. 여러 나라는 창의성 계발과 조기 교육을 위한 여러 가지 프로그램을 개발·운영하고 있다. 산업화에 따른 여러 가지 문제는 창의적인 방법으로 해결할 수밖에 없는 복잡성을 띤다. 틀에 박힌 정답으로는 해결이 불가능한 고도의 창의성이 요구되는 실질적인 문제가 속출하고 있기 때문이다. 그러므로 진정한 의미의 교육은 창의적으로 문제에 접근하고 해결하는 능력을 키워 주는데 있다.

"창의성은 타고나는 것인가? 아니면, 길러지는 것인가?"라는 질문에 관한 답은 이미 다수의 학자들의 노력으로 만들어진 창의성 관련 프로그램들이 존재하고 있는 것에서 짐작해 볼 수 있다. 창의성에 관해 많은 연구가 축적됨에 따라 창의성은 모든 사람들이 지니고 있는 보편적인 능력이라는 견해가 확산되었으며, 학습과 훈련에 의해서 획득될 수 있는 능력이라고 인식하게 되었다.

그렇다면 어떻게 길러질 수 있는가? 창의성의 향상은 크게 두 가지 방법을 통해서 가능하다. 하나는 창의적 사고 관련 기능들을 계발하기 위해 제작자가 만들어 놓은 프로그램이나 기법들, 즉 인쇄 자료, 시청각 자료,

디지털 멀티 자료, 브레인스토밍과 같은 기법을 통해 경험하는 직접적인 방안이고, 다른 하나는 프로그램이나 기법을 직접 실시하는 것은 아니지만, 창의적 수업의 분위기나 교육 행정 지원체제와 같은 환경을 형성해 주는 간접적인 방안이다.

이처럼 창의성 교육은 새로운 것을 발견하고 발명하는 능력으로서 발명 교육의 필요성과 직결되는 교육이다. 즉 창의성 교육이 곧 발명 교육이며 영재 교육인 것이다.

나) 창의성 교육의 원리

창의성 교수·학습 방법에 대해서 Smith(1995)는 "무방법이 방법이다 (No method is a method)"라고 했다. 이 말은 창의성 교육은 특정한 방법보다는 상황과 대상에 따라서 창의적으로 적절한 방법을 스스로 찾아서 해야 한다는 뜻이다.

창의성 교육의 원리(한국교육평가원, 1993 : 17)를 제시하면

1) 개방의 원리 – 기존의 지식이나 기술 혹은 기능을 그대로 답습하지 않고 스스로 생각을 창안하는 분위기를 조성한다.

2) 수용의 원리 – 다른 의견을 수용하는 포용력을 길러 준다. 자신의 생각이 언제든지 수정과 변화가 될 수 있다는 것도 가르쳐 주어야 한다.

3) 자율성의 원리 – 창의성은 능동적이고 독립적인 특성이 있는 사람에게 기대할 수 있다는 점을 고려하여 가능하면 간섭을 배제한다. 스스로 문제의식을 갖고 참여하며 문제를 해결하도록 인도하는 교육이 필요하다.

4) 사고 존중의 원리 – 창의성이란 스스로 생각하고 터득할 때 생겨난다. 문제의식을 통하여 문제에 접근하는 태도를 길러야 한다. 문제의식이 없이는 창의성은 발휘되지 않는다.

5) 개별화의 원리 – 학생 개개인을 존중하는 것이 개별화이다. 모든 문제를 똑같이 생각한다면 창의성은 길러지지 않는다. 그런 결과는 고지식

하고 기계적인 인간만 기르게 된다.

6) 다양한 경험의 원리 – 다양한 경험은 창의성을 풍부하게 하는 계기를 마련해 준다.

다) 창의적 사고 수업 모형

창의 학습 과정 모형에서 볼 수 있듯이 기대되는 학생의 활동 중에서 자아의 포옹이란 그 문제를 스스로 해결해 보겠다는 내부로부터의 동기가 유발된 상태를 말한다. 여기서 제동이 걸리고 동기가 유발되지 않으면 창의적 행동은 일어나지 않는다.

〈그림 Ⅱ-2〉 창의학습 과정 모형

창의적 사고의 유도 과정	관찰 →	문제 →	인지→	주의 집중→	탐색→	결정→	산출
기대되는 학생 활동	의문 및 불만의 발생	편견 없는 지각	자아의 포옹	준비	확산적 노력	평가	

자료 : 경기도부천교육청, 2001 : 6.

준비 단계란 필요한 정보를 추구하고 수집된 자료를 분석해서 가능한 문제해결의 전략을 구상하는 단계이다.

확산적 노력은 준비 단계에서 강구한 기본 방향(전략)을 중심으로 가능한 가설을 여러 측면에서 설정해 보는 단계를 뜻한다. 여기서 중요시되는 것은 기존 질서의 모방이 아니라 새로운 정보를 발견하는 노력이다. 이 단계를 위해서 창의성 계발 교육이 특별히 필요한 것이다.

확산적 노력을 통해서 얻어진 여러 가지 결과를 검토하는 단계가 평가 단계이다. 여기서 결과란 작문, 그림, 아이디어, 정서적 표현, 기계 등 어떤 것도 될 수 있다. 평가의 궁극적 기준은 명료성, 참신성, 독창성 등이다.

라) 창의적인 문제 해결력

창의력이란 고도의 정신기능이며, 창의적 사고를 통해 교육은 개인으로 하여금 보다 나은 삶을 영위하도록 하는 것을 목표로 한다.

특히 제7차 교육과정에서는 창의성 교육을 기본 방향으로 사물의 현상에 의문을 갖고 다양한 각도에서 다양하게 생각하고 의문점을 해결하도록 하는 생활에서 이루어진다고 강조하고 있다(최운용, 2002).

이처럼 문제해결 과정과 창의적인 과정은 유사한 것으로 여겨지며, 과학탐구 과정 역시 창의적 과정과 유사함을 보여주고 있다. 이는 결과 중심보다는 과정을 강조하여 문제해결에 기여하는 과정으로 보기 때문이다. 창조적인 사람은 문제에 직면했을 때 적극적으로 가설을 찾아내고 이를 검증하여 문제를 해결하는 과학적 탐구능력을 지닌 사람이다. 또 문제를 객관적으로 파악하여 합리적인 절차에 따라 해결하며 이치에 따라 사리를 판단하는 사람이다. 창조적인 사람은 유연한 사고의 소유자이며 사물을 독특하게 파악하여 자신의 생각을 독창적으로 표현하는 능력을 가진 사람 즉, 개성적인 사람이다. 개성을 살리지 않고서는 창의력은 기대하기 어렵기 때문이다.

여러 학자들이 제시하고 있는 창의적 문제해결 과정의 단계는 다음과 같다.

〈표 Ⅱ-1〉 창의적 문제 해결 과정의 단계

개발자	창의적 문제해결 단계					
	1단계	2단계	3단계	4단계	5단계	6단계
Dewey의 창의적 수업모형	문제의식	문제파악	가설설정	가설검증	해결안 수락	
Wallas의 창의적 수업모형	준비기	부화기	조명기	검증기		
Osborn-Parnes의 CPS 모형	사실발견	문제발견	아이디어 발견	해결안 발견	수용발견	
Isaksen과 Treffinger의 CPS 모형	혼란발견	자료발견	문제발견	아이디어 발견	해결안 발견	수용안 발견

자료: 경기도부천교육청, 2001 : 6.

창의성 교육은 교육과정 안에서 과제에 적합한 환경을 조성하고, 특정 영역의 지식과 기능을 기반으로 하여 교과별 과제 의존적인 과제 동기 부여와 아울러 창의적 인지 능력 향상을 통해 새로운 지식 창출을 위한 노력이 계속적으로 이어져야 한다.

4. 창의성과 관련 변인

가. 창의성과 학습 동기

학습 동기에 대해서 Amabile(1997)은 개인의 창의성과 혁신을 연계하여 개인적으로는 내적 동기 유발, 과업 관련 기술과 창의적인 사고력이 요구되며 혁신에 대한 동기 유발과 자원 및 혁신 관리 기술이 개인 및 조직의 혁신에 영향을 미친다고 하였다. 또한 과업 환경적 요소들이 개인 창의성에 영향을 준다고 하였는데 창의성과 혁신에 대한 가치, 위험 선호성, 할 수 있다는 구성원들의 믿음, 공격적인 전략, 능동적인 의사소통, 창의적 과업에 대한 인정과 보상 등을 혁신 동기부여의 주요 요소로 지적하기도 하였다.

그것은 〈그림 Ⅱ-3〉에서와 같이 개인의 창의성과 혁신의 가치를 직접 받아들이고 수용할 수 있는 기회를 만들고 제공해 주어야 한다는 측면에서 개인에 적합한 과제 지도방법은 학습 동기의 발현과도 매우 밀접한 관계를 가지고 있다.

<그림 Ⅱ-3> 창의성과 혁신의 구성요소 모델

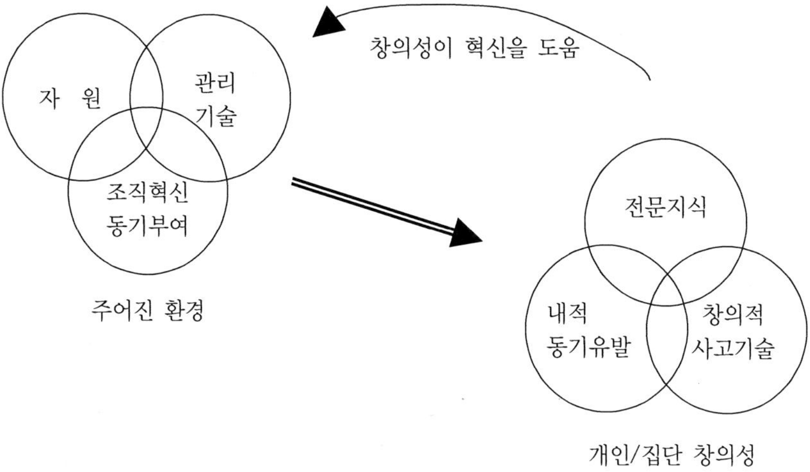

자료 : T. M. Amabile, 1997 : 53.

창의성은 새로움에 이르게 하는 개인의 사고 관련 특성이나 새로운 관계를 지각하거나 비범한 아이디어 산출 또는 전통적 사고 유형에서 벗어나 새로운 유형으로 사고하는 능력이나 아이디어를 만들어내는 능력으로 정의하기도 한다. 이러한 창의성은 크게 두 가지 방법에 의해 가능하다고 규정한다. 첫째는 창의적 사고 관련 기능들을 계발하기 위하여 제작자가 만들어 놓은 프로그램이나 기법들, 즉 인쇄자료, 시청각자료, 디지털자료, 브레인스토밍과 같은 기법을 통해 경험하는 직접적인 방안을 말하며, 둘째는 프로그램이나 기법을 직접 실시하는 것은 아니지만 창의적 수업 분위기나 교육행정 지원체제와 같은 환경을 형성해 주는 간접적인 방법을 말한다.

이와 같은 창의성의 계발은 집단 내에서 개인이 발휘할 수 있는 외적 능력을 갖추고 있는가에 따라 초기에는 집단 적응력이 쉽게 유지되거나 커짐에 따라 달라진다. 집단 내에서 수용이 되면 개인의 감정적인 지능이라고 알고 있고 성공적인 집단 구조화에 필요한 것이 더욱 쉽게 장려 된다. 초기에는 집단 내에서 가시적인 작업 즉 프로그램, 설계와 같은 능력의 재구성에 따라 위계가 형성되지만 집단 조직이 활성화 될수록 또한 팀웍이 좋아 질수록 개인의 감정의 발달로 이어지게 된다.

결과적으로 개인의 창의적 사고를 촉진시킬 수 있는 요소는 〈표4〉에서와 같이 개인의 자율성을 보장하고 충분한 자원과 조직, 감독, 과업집단을 지원할 수 있는 조직구조와 문화로 볼 수 있으며 방해 요소로는 전통적이고 공식적인 조직구조와 문화를 들 수 있다.

〈표 Ⅱ-2〉 창의성 촉진 · 방해적 환경요소

촉진요소		방해요소	
조직적 격려	위험선호도 새로운 아이디어에 대한 지원적 평가 창의성에 대한 인정과 보상 협동적 아이디어 흐름 참여적 경영과 의사결정	조직적 방해요인	공식적 경영구조 보수주의
감독자 격려	목표명료성 감독자-하급자간의 개방적 상호작용 팀웍과 아이디어 지원	과중한 과업압력	
과업집단지원	다양한 배경 아이디어에 대한 상호 개방성 공유몰입	편협적 배경 폐쇄성 공유분산	
충분한 자원		부족한 자원	
자율성		타율성	

자료 : 이희영, 2001 : 23-24.

특히 전체적 과정이 창의적 문제해결의 과정에 초점을 두고 있어 실제의 상황이나 문제를 해결하고자 하는 상상력의 활용을 극대화하여 줌으로써 문제해결이 가능하도록 하는 유용한 방법이다. 이러한 과제법은 일반적으로 ① 문제의 발견 : 다양한 관점에서 문제의 본질을 파악한다. ② 사실발견 : 상황을 보다 정확히 이해하고 어떤 해결방법이 있을 것인가를 상상한다. ③ 아이디어 발견 : 아이디어들을 잠재의식으로부터 숙고해 낸다. ④ 결과발견 : 발견한 아이디어의 적절성과 적용성을 평가한다. ⑤ 인정발견 : 모든 사람들이 가치 있는 것으로 받아들이고 실제로 사용한다와 같은 과정을 거치는데 구체적으로는 다음과 같은 절차를 따르도록 한다.

학습은 실질적 참여가 이루어질 때 가장 효과적인 것이다. 창의활동의 목적은 개념, 기술, 태도를 가르치기보다는 개인에게 그들이 직접 체험을 함으로써 아이디어를 구축하고 내면화될 수 있는 기회를 제공하는 데 있다. 또한 학습은 즐거워야 한다. 즐거움의 활동은 동기와 참여를 촉진시키는 촉매이고 생산성을 제고시키는 중요한 요인이 된다.

학교의 현장이나 학교 밖에서 경험되어지는 다종 다양한 학습과제의 경험은 학습이론에서 추구하는 학습경험의 가치를 감각기관의 경험을 동원하여 단기간의 학습경험을 장기화시키는데 언어적, 비언어적 도구를 활용함으로써 기억으로 변화시키고 유지시키는 중요한 가치를 보여주는 것이다.

청소년기에 아동기를 거쳐 성인으로 가는 발달의 중간 위치를 점하고 있는 특수한 시기에서 집단활동과 또래집단 경험을 통한 적절한 체험활동은 청소년들의 비사회적인 문제행동을 예방할 수 있는 좋은 기회이기 때문이다.

학습활동이 학습자에게 부여하는 가장 커다란 가치는 그들의 삶에 영향을 미치는 주제를 이끌어 냄으로써 적절한 관심을 부여하여 동기화시키는 점이다(Katz & Chard, 1989).

학습이 학습자의 동기변화를 유발시키는 과정을 보면 개별요인의 연계에 따라 학습동기가 유발이 되면 계속해서 새로운 형태의 내적 가치변화를 추구하게 된다.

〈그림 Ⅱ-4〉에서와 같이 동기의 연속적인 흐름을 통해 학습자가 추구하게 되는 학습동기의 발현과 밀접하게 연관되어짐을 알 수 있다.

〈그림 Ⅱ-4〉 청소년의 요구와 동기의 관계

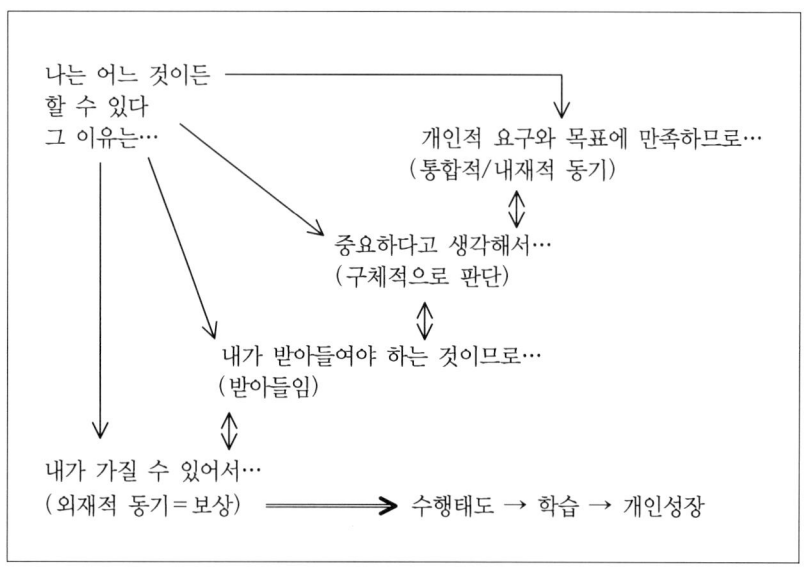

이러한 점에서 알 수 있듯이 학습의 효과를 증진하기 위해서는 학습자에게 장기적 기억을 유도하고, 학습과 개념적 이해를 도우며, 감정이입과 도덕적 합리화, 그리고 개인적 성장과 적응, 타인과의 적극적인 관계형성 등을 유도할 수 있는 방향으로의 학습동기를 유발하는 것이 가장 중요하다(Blais, Sabourin, Boucher & Vallerand, 1990; Grolnick & Ryan, 1987; Koestner, Bernieri & Zucherman, 1992; Vallerand, Blais, Briere & Pelletier, 1989).

그러므로 동기를 유발시키는 작업이 매우 중요하며 이것은 실천과 새로운 작업을 수행하기 위한 매우 중요한 기술적 구성요소가 된다. 계획적이지 못하고 동기가 결여된 지도방법은 시행착오의 과정이 되며 집단

내에서의 접착력과 계속성의 과정을 유지하기 어렵다. 그렇기에 동기에 대한 관심은 〈그림 Ⅱ-5〉에서와 같이 학습환경을 개선하는 중요한 요소가 되기 때문에 여기에서의 실천적 지도방법은 지도자의 에너지가 그대로 학습자에게 전달될 수 있는 중요한 과정이 된다.

〈그림 Ⅱ-5〉 동기의 구조

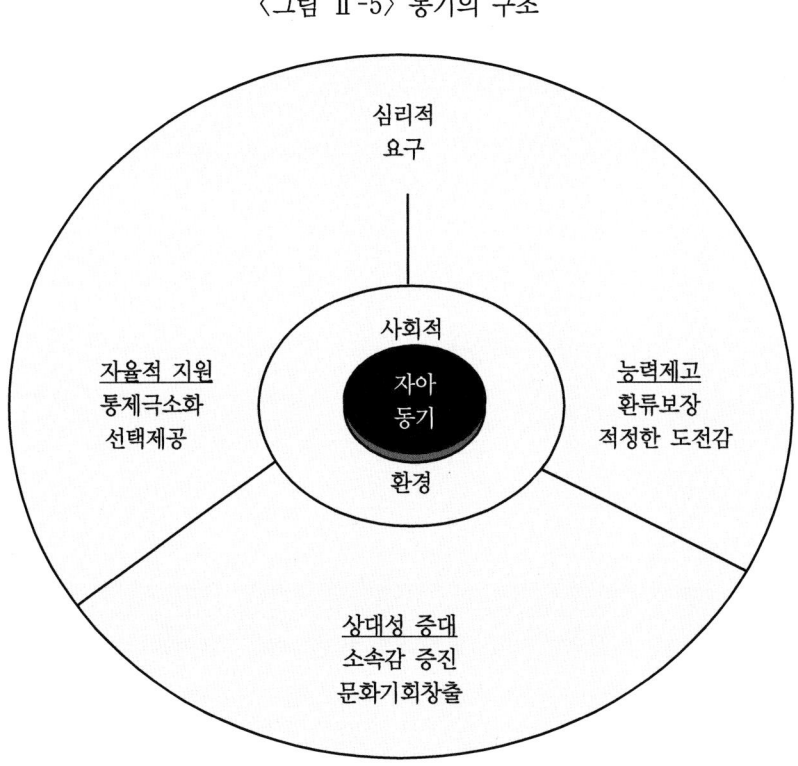

자료 : Dawn Dzubay, 2001 : 17.

반면 외재적 동기는 내재적 동기와는 반대로 활동 그 자체적 의미를 넘어서 포괄적인 행동목표의 달성을 위해 행동의 다양성을 확보하기 위한 적합하게 하는 방법이다. 즉 보상, 사회적 압력, 벌과 같은 환경적 요인으로 우리는 보상을 받고 벌을 피하고 부모님과 선생님을 기쁘게 해드리기 위하여 혹은 과제 그 자체와는 아무런 관계가 없는 어떤 다른 이유 때문에 무엇인가 하기도 하는데 이때를 외재적으로 동기유발이 되었다고 한다. 이 경우 활동 자체에는 아무런 관심이 없고 오로지 그것이 가져다 줄 결과에만 관심을 기울인다.

그 동안 교사는 학생의 리더십 역할, 전문적 발달을 위한 참여, 실습의 변화 등에 대해 많은 관심을 가지지만 실질적으로 행동의 변화를 수반할 수 있는 동기에 대해서는 크게 관심을 기울이지 못한다. 그렇지만 학생이 어떠한 새로운 것을 하고자 할 경우에는 그것을 하고자 하는 동기가 어떻게 되어 있느냐가 중요한 관건이 된다.

이처럼 동기는 사실 정의하기 어려운 개념이지만 행동의 강화, 방향제시 등의 역할을 하며 사람의 행동을 통제하는 동안 빠르고 극적인 결과를 얻도록 하며 바람직한 행동을 유도하는 통제를 기대한다.

일반적으로 학습자의 동기는 다음과 같은 모양으로 형성된다.

학습자의 동기 = 인성(자아) + 심리적 요구의 만족도 + 사회적 환경의 경험

첫째로 인성 즉 자아가 어떠한 형태로 구성되어 있느냐가 동기 유발에 미치는 영향은 매우 크다. 교사의 개인적이고 전문적인 발달은 그 사람의 자아감을 실질적으로 연계하는 태도를 수행하고자 하는 의지에 의존하게 된다. 인간의 발달은 자신의 개인적 자아정체성을 확립하기 위한 지식, 감정, 경험을 통합하는 능력의 정도에 의존하게 된다. 자아는 개인의 진실된 의지로서 신뢰할 만한 행동으로부터 나오는 심리적이고 통합적인 태도이다(Deci & Flaste, 1995:5). 그것은 변화의 근원을 제공하며 고도의 수행에 대한 방향을 제공한다.

둘째로 심리적 요구에 대한 만족도를 들 수 있다. 경험적 심리학 연구

에서 실험과 관찰에 근거를 둔 부분에서 인간은 세 가지 본질적인 심리적 요구를 소요하고 있다고 결론을 지었다. 즉 자치권, 능력, 그리고 관계성이다. 사람들은 자연적 성향, 동기, 그들의 요구를 충족하고자 하는 의지 등에 따라 동인이 형성된다. 그러면서 이러한 요구는 개인이 처한 사회 문화적 상황이나 환경에 따라 다르게 된다.

셋째로 사회적 환경의 경험정도를 들 수 있다. 이 부분은 현대에 이르러 매우 중요한 학습배경이 되고 있는 것으로 학습자에게 자신이 경험한 정도와 배경의 차이에 따라 학습의 폭이 결정될 수 있음을 지적하면서 학습경험의 유형에 따라 사고의 폭이 넓어지고 궁극적으로는 자신이 수행할 영역이 그만큼 확대될 수 있음을 말한다.

이 중에서 매우 중요하게 나타나는 것은 밖으로 나타나는 행동의 정도에 따라 동기가 결정된다. 사람들은 동기화되지 않는 것보다 어떤 일을 하고자 할 때 동기화가 되어야 커다란 일을 할 수 있다. 그렇지만 이러한 개념은 사람에 따라 다르며 상대적인 개념으로 나타난다. 그렇지만 동기는 어떤 사람이든 무엇인가를 기꺼이 하려는 것으로 개인을 위한 요구를 만족시키려는 행동 능력으로 조건화된다.

교사는 학생의 주의를 집중시키려는 새롭고 관심 있는 방법을 찾는다. 그들은 외적인 동기를 사용하여 이러한 관심을 고조시킨다. 외적 유인가의 사용은 특히 도시 청소년들에게 중요한데 그들은 학습 환경이 항상 부정적인 요인으로 둘러싸여 있기 때문에 더욱 효과적이다.

호킨슨(Hodgkinson, 1985)은 학생의 학습동기는 대부분의 교사의 주요 관심사인데 특히 위험이 있거나 낮은 성취동기가 있는 학생에게는 특히 그러하다. 문제청소년의 동기과업은 심리적, 감정적, 신체적 스트레스에 따른 것을 감소시킬 수 있고 외적인 보상은 그들의 동기화에 도움을 줄 수 있게 된다(Barrett & Boggiano, 1988; Beetler, 1984; Bishop, 1989; Mahoody, 1993; Punsalan, 1993).

　　내재적 동기와 외재적 동기의 상호관계가 학습에 어떻게 영향을 미칠 것인가에 대해서는 아직도 의견이 분분하다. 상황이 실제 행동 그 자체와는 무관한 만족을 제공하는 특별한 목적을 가지고 있다면 그 행동은 외재적으로 동기 유발된 것으로 보는데 대부분의 사람들은 동기유발에 대해 내재적 동기와 외재적 동기는 매우 효과적일 것이다. 한 가지 유형의 동기유발보다는 두 가지의 동기가 함께 존재할 때 행동 수행에 더 동기유발이 된다고 예측해 볼 수 있다.

　　하지만 기본적으로는 보상을 받고 난 후의 심리적 과정이나 장기적 과정에서의 보상의 역효과가 나타나기도 하는데 내재적 흥미(intrinsic interest)가 있는 행동에 보상이 주어지면 그 행동은 보상을 받기 위한 수단으로서 지각되고 그러므로 추후의 내재적 흥미는 감소되는 결과를 가져오므로 내재적 동기유발과 외재적 동기유발은 첨가적인 것이 아니라 외재적 동기유발은 내재적 동기유발에 부정적인 영향을 미친다는 견해도 있다. 행동에 대한 외적 보상은 행동이 능력과 자기 결정에 대한 요구에 의해서 이루어졌다기보다는 외적 힘에 의하여 이루어졌다고 인지적으로 지각하게 된다. 원인부위(locus of causality)가 내적인 것(internal)에서 외적인 것(external)으로 변하게 되고 따라서 내재적 동기는 감소된다. 결과적으로 내재적으로 동기화되어 수행한 것에 대해 외적 보상을 제공하면 그 행동에 대한 내재적 동기가 오히려 감소한다는 즉 외적 보상의 내재적 동기에 대한 저해효과(inhibiting effect or undermining effect)를 보여주었다(Deci, 1971, 1972: Kohn, 1996: Lepper & Greene, 1975: Lepper, Greene, & Nisbett, 1973: Lepper, Keavnet, & Drake, 1996: Ryne & Deci, 1996).

　　특히 유인가는 청소년에게 학문적인 성취를 조장하는 데 매우 유용하고 성공적인 수단이다. 이러한 것은 금전적 보상, 특별한 지각, 야외 환경여행, 할인티켓 등과 같은 것은 일반적으로 학문적 성취를 조장하는 중요한 수단이라고 하였다.

  교실에서 생산성이나 내적 동기를 추구하는 외적보상의 사용은 문헌적으로 서명해야 하는데 교사들은 학생들의 개인적 동기를 추구하기 위해 금전적 유인가를 사용하는데 관심을 가지고 있다. 그렇지만 이러한 보상의 형태는 일시적이며 짧은 특성이 있다고 하였다.

  어쨌든 동기를 통한 성취 욕구를 충족시키는 데에는 내재적 동기든 외재적 동기든 개인의 학습요구와 능력을 제고시키는 데에는 큰 이견(異見)이 없다. 그것은 무엇인가 하고자 하는 요구로서 나타나며 요구 불만족은 개인이 무엇인가를 하겠다는 긴장을 불러일으키고 이러한 동인(動因)은 특별한 목표를 추구하려는 행동탐색으로서 궁극적으로는 만족요구가 받아들여지고 긴장이 감소된다.

  사람들은 어떤 일을 수행하기 전에 자신에게 스스로 '내가 이러한 일을 할 수 있을까?' 그리고 어떠한 목적으로 하는 것인가에 대한 의식적이든 무의식적이든 자문을 하게 된다. 경제적이든 내면적이든 자신에게 어떠한 이득과 가치가 있을 것인가에 대한 자아 흥미를 강조하게 되면서 동기화가 이루어진다는 것이다.

  결과적으로 본다면 창의적 학습은 결코 새롭거나 혁신적인 학습방법은 아니지만 학습자의 학습동기를 부여함으로써 학습자 자신이 내적 동기화되어 학습의 효과를 크게 증진시키는 장점을 지니고 있다(Abramson, Robinson & Ankenman, 1995; Edwards, Gandini & Forman, 1993)고 한다.

  또한 학습이 학습자의 내적 동기화를 유도하는 효과적인 부분은 역시 교과학습에도 커다란 영향을 주기 때문이다. 인지심리학이나 신경과학자들은 두뇌계발 학습원리를 제기하면서 학습이 이러한 두뇌의 계발에 많은 영향을 미친다고 하였다(Caine & Caine, 1997).

  이러한 원리는 〈표 Ⅱ-3〉에서와 같이 학습자는 자신이 체험하는 활동에 역동적으로 상호작용을 하게 되고 그 과정에서 내적 몰입을 얻을 수 있도록 흡수시킨다고 하였다.

<표 Ⅱ-3> 두뇌학습의 원리

원리 1 : 두뇌는 복합적인 수용체계로서 구성되어 있다.
원리 2 : 두뇌는 사회적 두뇌가 있다.
원리 3 : 의미를 찾는 것은 천성적이다.
원리 4 : 일정한 경향화(patterning)를 통하여 발생되는 의미를 찾는다.
원리 5 : 감정은 경향화를 비판화한다.
원리 6 : 모든 두뇌는 동시적으로 부분과 전체를 지각하며 창조하게 된다.
원리 7 : 학습은 주변의 인지와 핵심적 요소를 동시에 가지게 된다.
원리 8 : 학습은 의식적 도는 무의식적 과정을 포함한다.
원리 9 : 인간이 기억을 조직하는 데에는 적어도 두 가지 방법을 가지고 있다.
원리 10 : 학습은 발달적이다.
원리 11 : 종합학습은 위협으로 금지되거나 도전으로 증진된다.
원리 12 : 모든 두뇌는 독특하게 조직화된다.

자료 : Caine & Caine, 1997 : 19.

이러한 현상에서 본다면 두뇌학습을 증진시키는 교과과정이나 학습도구는 학습의 효과를 극대화할 수 있다는 점이다.

사람들이 학습을 하는 목적은 철학적 관점에서 기본적으로 행복을 추구하면서 그 행복의 기저에 행복 자체에 대한 추구보다는 건강, 아름다움, 경제적 안정과 권력 등 부수적 요소에 대한 욕망을 끊임없이 갈망하고 추구해 왔다. 이러한 요소의 충족에는 행복을 이러한 요소들이 가져다 줄 것이라는 믿음이 깔려 있다. 그렇다면 사회발전에 부응하면서 이러한 행복에 대한 믿음이 실제로 실현되었을 경우에 대한 가치가 충분히 수용할 만한 가치가 있느냐에 대한 적응이다.

현 사회에서는 대다수의 사람들은 행복한 생활의 영위라기보다는 오히려 불안과 지루함과 같은 부정적 가치관의 혼돈 속에서 많은 고민을 하고 있다. 그것은 사람마다 행복에 대한 기준이 다르기도 하겠지만 이러한 기준을 스스로 통제하고 만들어가며 준비하는 노력이 부족하기 때문일 것이다. 자신의 내적 경험을 통제할 줄 아는 사람만이 자신의 삶의 질을 결정지을 수 있는데 이러한 노력은 자신이 경험하는 일상의 경험에 어느 정도 참여하느냐에 따라 결정지어질 수 있다는 의미이다.

자신의 삶에 대한 지각(perception)은 경험의 산물이며, 경험은 우리가 통제할 수 없는 외적 요인에 의해 대부분 결정된다. 예컨대 외모나 성격, 체격조건에 대해서 우리가 스스로 결정할 수 있는 것은 그리 많지 않다. 부모를 선택할 수 없으며 자신이 갖게 될 유전자뿐만 아니라 자신이 태어날 시기도 스스로 결정할 수 없다.

그러나 인간은 자신의 의지대로 할 수 없는 외적인 상황들에 의해 수동적으로 끌려 다니기보다는 자신의 행동을 통제했을 때 자신의 운명에 대한 정복감을 경험하게 된다. 바로 이러한 경우에 그들은 평생 잊지 못할 즐거움과 생동감을 느끼게 된다.

이미 알려진 지식은 현재의 학습과정과 관련되어 있으며, 학습자 개개인은 새로운 지식의 틀을 구성하는 협동과정에 적극적으로 참여해야 한다 (Palmer, 1987; Belenky, 1986). 하지만 청소년들은 종종 이러한 학습과정에 익숙하지 못한 경우가 많다. 왜냐하면 학교교육에서 지식이 전형적으로 학습자들과 거리가 있고, 구상화되고(objectified), 추상적(abstracted)이며, 그리고 분석적(analytical)인 특징이 있기 때문이다. 그러나 기본적으로 자신이 이미 경험한 내용을 바탕으로 학습과정에서부터 결론에 이르기까지 연관된 지식들을 종합적으로 구성하여 새로운 틀에 대한 개념화를 시도해야 한다. 이러한 과정은 실천을 전제로 학습 모델을 얻는 습관을 가지고 지식을 탐구하는 방법이어야만 한다는 것이다.

가치 있는 대화는 호혜성(reciprocity)과 수용성(receptivity)이 전제되어야 하며, 대화에 참여하는 사람들은 상대방의 대화를 통해 그를 판단하는 대신 인지적인 이해를 바탕으로 청취하고 충고해야 한다. 학습상황은 개개인의 지식과 경험적인 이야기를 매우 중요한 수단이며 과정으로 간주하고 있다. 학생들은 일상적인 문제를 해결하는 과정에서 자신들의 지식과 능력이 매우 가치있게 활용되는 것을 직접 체험함으로써 비판적이며 창의적인 사고기술을 개발할 뿐만 아니라 학습자로서의 역할을 적극적으로 확장시킬 수 있는 기회가 된다.

이와 같이 학습에 있어서 가장 중요한 것은 직접 경험을 통한 문제해결을 들 수 있으며, 학습경험이란 자발적이고 능동적이고 역동적인 상호작용의 과정을 통하여 교육대상자가 학습경험을 가질 때 비로소 교육목표에 도달할 수 있음을 의미한다.

결과적으로 학습은 〈그림 Ⅱ-6〉에서와 같이 사람이 가지는 세 가지의 특성 즉 호기심(curiosity), 창조성(creativity), 의사소통(communication)이라는 영역이 있기 때문에 이 영역을 충족시키고자 끊임없이 노력하면서 나타나게 된다. 그러므로 그 영역의 효과는 더욱 커지게 마련이다.

〈그림 Ⅱ-6〉 인간의 학습탐색 3요소

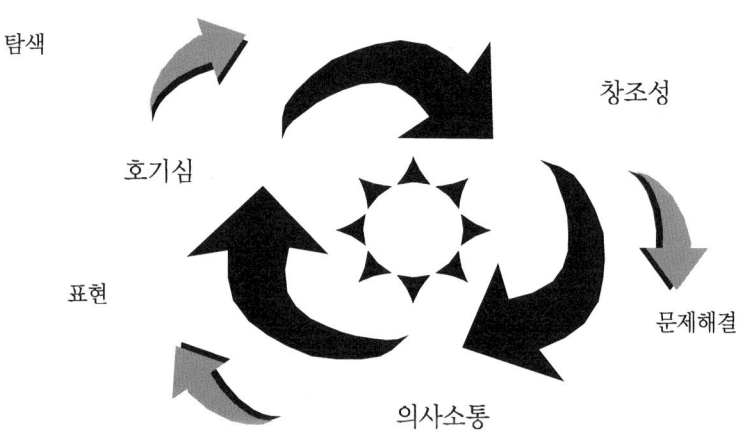

자료 : Ann Marie Clark, The project approach : Three avenues of engagement, Proceedings of the Lilian Katz Symposium, 2000.

48

① 호기심

호기심은 사람이 가지고 있는 본질적인 특성으로 생존을 위한 필요성에서 뿐만 아니라 정신의 수행이라는 점에서도 이를 실천에 옮기는 동인(drives)이 된다. Covington과 Teel(1996)에 따르면 호기심은 그 자체로서 세 가지의 정신적 구현이라는 점을 표현하게 된다. 즉 ① 자신이 의문을 갖고 조사해 보고자 하는 것에 대한 질문과 입증 그리고 심사숙고, ② 의심스러운 것, 풀기 어려운 난제 그리고 변화무쌍하거나 상황에 따라 다르게 나타나는 사실 등의 보호에 대한 감수성, ③ 예상하지 못한 위험이나 표현되지 않은 것을 통한 문제의 발견 등을 얻게 된다. 청소년들은 구어적 표현에 매우 익숙해 있는 세대로 의문사항에 대해 직접적인 질문을 쏟아내는 기질적 특성을 보인다. 그러므로 이러한 기질은 끝없는 탐구의 성향을 보이게 되는 것이다.

② 창조성

창조적 사고는 인간의 본질적 사고로서 적정한 지도가 제공되어진다면 이 영역은 매우 확대되어진다. Torrance(1995)는 창조적 사고의 역동성은 Piaget의 불균형 과정과 유사하다고 설명하면서 무엇이든 어떤 것이 결여되어 있다고 느끼는 관념이라고 말한다. 이러한 불안전한 사고는 새로운 문제해결의 감각을 느끼게 되며 해결시에 만족감을 형성하는 동인이 된다. 과제해결을 위한 창조성은 가설이나 아이디어를 형성하게 하고 그 형성된 가설을 검증하며 결과를 의사소통하게 만들기 때문에 중요한 요인이 된다.

③ 의사소통

의사소통은 타고난 인간행동의 본질로서 창의활동에서의 청소년들은 교사와 자신이 배우는 것을 어떻게 전달하고 받아들이게 되는지를 협상하게 된다. Dewey는 사회적 개인으로서 자아를 묘사하였는데 개인이 가지고 있는 이러한 독특성 때문에 타인과의 관계를 인식하게 된다는 것이다. 창의 활동에서는 학습자들이 소집단으로서 자신의 의견을 표출하게 되고 자신의 의견이나 선택 또는 대안을 만들어 가는 노력을 하게 된다. 또한 협동을 통한 의미있는 결과를 형성하고 동기화하며 사회화를 유지하게 된다.

나. 창의성과 지능

영재성에 관한 초기의 관심은 20세기 들어 Terman(1925)의 활약으로부터 비롯되는데, 그가 "스탠포드-비네 지능검사 또는 이와 비슷한 검사로 측정한 일반 지능이 상위 1%이내에 속하는 자"를 천재로 정의한 것이 영재에 관한 관심을 확산시키는 계기가 되었다. 이로 인해 지능은 오랫동안 영재성을 설명하는 주된 지표로 사용되어 왔으며, 영재란 단지 측정학적 의미에서의 개인차에 불과한 것으로 인식되어졌다. 그러나, 점차적으로 지능 검사가 인간의 정신 능력의 극히 작은 부분만을 설명해 준다는 견해들이 대두되었다.

Getzels과 Jackson(1962)은 지능 검사 결과가 개인의 능력을 오직 부분적으로만 설명하고 있다고 지적하였으며 이미 정답을 요구하는 지능 검사들은 '닫혀 있는 사고'를 불러일으키고 '열려 있는 사고'를 무시한다고 하였다. 이러한 견해들은 지능이라는 단일 요인만으로 창의성을 설명하기에는 충분하지 못하다는 오늘날의 인식에 대한 시발점이 되고 있다.

영재는 언어적으로 창의적인 잠재력을 지녔고, 재능아는 비언어적인 잠재능력을 지녔다. 이러한 영재성에 관한 정의는 성취에 초점을 둔 것이 아니라 잠재력을 강조한 것이므로 영재를 정의할 때 독단적으로 지능 지수만을 사용하는 것을 막아준다라고 하여 영재성을 단지 지능 지수만 높은 것으로 보았던 종래의 입장에 대한 제한점을 지적하였다(박숙희, 1999 : 22-28).

Renzulli(1978)도 영재성을 정의함에 있어서 창의성을 중요한 기저로 삼고 있다. 즉, "창조적이고 생산적인 사람들은 상대적으로 잘 정의된 일련의 세 가지 특징들을 지니고 있는데, 그것은 평균 이상의 지적 능력, 창의성, 과제 집착력이다. 이 세 가지 요인들은 영재성을 구성함에 있어서 서로 독립적으로 작용하는 것이 아니라, 각 요인들이 서로 상호 작용하여야 하는데, 이는 창의적이고 생산적인 성취를 위해서이다"라고 하여, 창의적이고 생산적인 성취가 영재성의 관건이 됨을 강조하였다.

또한, 그는 이 세 가지가 거의 비슷한 비중으로 영재성의 발휘에 중요하게 작용하는데, 이러한 기준을 적용할 경우 일반 학생의 15-20%가 영재 교육의 대상이 된다고 설명하였다(조석희, 1995 : 1-40). 이는 1-3%만이 영재 교육의 대상이라는 종래의 제한적인 정의에 대한 도전이라고 볼 수 있다.

창의성과 지능간의 상관관계에 대해서는 1950년대 이후 많은 연구자들의 주된 관심사 중 하나였다(김언주 외, 1994). 즉, 두 변인간의 관계를 밝히기 위해 연구들이 시도되었는데, 본 연구에서는 그 결과들을 검토해 봄으로써 현재까지 창의성과 지능과의 관계에 대해 어떤 방향으로 견해들이 모아지고 있는지를 살펴보고자 한다.

Maker(1993 : 68-77)는 그 동안 이루어진 연구 결과들이 주로 지능과 창의성간에 낮은 상관관계가 존재하는 것으로 보고하고 있다고 지적하였다. 그 예로서, Getzels과 Jackson(1962)은 지능과 창의성간에 $r=.115\sim.393$의 상관관계가 있다고 하였는데, 이는 지능이 높다고 해서 반드시 창의성이 높은 것은 아니며, 창의성이 높아도 지능이 낮을 수 있음을 의미한다.

따라서, 창의성과 지능간의 관계에 관한 현재까지의 연구 경향들은 대체로 '창의성과 지능 간에는 전체적으로 낮은 상관이 있으나, 낮은 지능 집단에서는 창의성과 정비례적인 높은 상관이 있고, 높은 지능 집단에서는 의미 있는 상관이 없다'는 견해들도 있다.

다. 창의력 검사 척도의 특성

창의력 계발의 문제는 교육이 당면하고 있는 주요한 문제의 하나로서 등장하게 되었다(이영덕 외, 1995 : 7-20). 교육을 통한 창의력의 계발은 충분히 가능한 것이며 또한 그와 같은 능력의 계발은 절실히 요청되기 때문이다. 창의력 계발의 문제가 등장하면서부터 창의력 또는 창의성이라는 용어가 비교적 광범위하게 사용되고 있다.

본 연구에서 사용된 창의성 검사는 무엇보다도 먼저 창의력에 대한 개념적인 정리를 시도한 것이라고 볼 수 있다. 문헌연구를 통하여 창의력에 대한 두 가지 입장이 밝혀졌는데 하나의 입장은 창의력을 순수한 지적능력으로 보려는데 반하여 다른 입장에서는 성격적인 특성으로 규정지우려고 하는 것이다. 본 검사에서는 성격적인 특성까지도 창의력에 포함되어야 한다는 입장에서 창의성이라는 용어를 사용하게 된 것이다.

1) 창의성의 요인

가) 유창성(F1 : Fluency)

이 요인은 주어진 자극에 대하여 제한된 시간내에 얼마나 많은 양의 변화를 보일 수 있는가를 측정하는 것이다. 따라서 반응의 질이 문제가 아니라 양을 측정하는 것이다. 본 검사에서는 두 가지 소검사를 사용하였다.

다음에 제시되는 내용은 수업 및 학교생활, 과제제시를 통해 유창성을 기르고자 할 때 사용하는 방법들이다. 첫째, 내용과 같은 다양한 예를 찾게 하고, 답이 같은 문제를 만들게 한다. 둘째, 자신의 경험을 이야기하게 하고, 각각의 관점을 비교하게 한다. 셋째, 자신의 생각을 말하게 하고, 표현방법을 다르게 하도록 한다. 넷째, 해결 방법을 다양하게 제시하고, 자기만의 아이디어를 사용하게 한다. 다섯째, 갑자기 어려운 문제 상황을 제공하고, 논리의 대립을 시킨다.

나) 융통성(Fe : Flexibility)

사고 과정의 융통성이란 한 가지 문제 사태에 대하여 접근하는 방법이 얼마나 다양한가를 측정하는 요인이다. 주어진 어떤 문제를 해결하는 방법으로서 한 가지 방법에 집착하지 않고, 여러 가지 접근에 의한 해결을 보는 것은 그만큼 융통성이 있다는 것을 의미한다. 두 가지의 소검사를 사용하여 융통성 요인을 측정하고 있다.

융통성 향상을 위해서는 부모와 교사의 생각을 청소년에게 강요해서는 안 된다. 청소년들의 생각이 자신과 다르다고 어른의 생각을 강요하는 것은 청소년들의 사고를 경직시켜 융통성의 성장을 저해한다. 즉 생각의 범위가 좁아지고 자기중심적이 되기 쉬운 것이다. 이런 측면에서 청소년들이 자기중심적이라는 우려는 인성교육 측면과 창의성 교육 측면이 동시에 우려되는 것이라 볼 수 있다.

교사와 부모 그리고 청소년의 눈높이 차이에 관해서는 부모와 교사 개인의 고유한 특성을 있는 그대로 청소년에게 보여주면서 청소년들의 생각이 풍요롭게 헤엄칠 수 있도록 도와주어야 한다. 청소년들이 여유롭게 생각할 수 있도록 연못 속에 수초와 돌을 넣어 주듯이 다양한 생각을 주어야 하는 것이다.

다) 독창성(Or : Originality)

사고의 결과로 나타난 반응의 독창성을 의미한다. 기득지식(既得知識)의 통합이나 재구성이 아니라 새로운 반응의 도출을 말하는 것이다. 독창적인 반응은 새로운 것이어야 함은 물론이려니와 청명(clever)하여야 하고 흔히 볼 수 없는 것이어야 한다. 이 요인을 측정하기 위하여 한 가지 소검사가 사용되었다.

독창성을 기르기 위해 첫째, 개인의 개성을 존중하는 분위기를 만들어야 한다. 둘째, 생각할 아이템과 생각할 기회(시간)를 제공하여야 한다.

셋째, 가급적 결론은 청소년들이 내리도록 한다. 교사가 재판관처럼 이것
은 좋고, 저것은 나쁘다고 말해주는 것은 청소년들의 사고를 단순화시킨
다. 비록 어려도 자신의 생각을 정리하고 종합한 결론은 성공하든 실패
하든 커다란 의미를 갖는다.

라) 조직성(On : Organization)

조직성이란 복잡한 문제 사태를 보다 간결하게 하여 새로운 의미를
부여하고 사물 또는 사상간(事象間)의 연관성을 고려하여 서로 관련지을
수 있는 능력을 말한다.

일정 목표의 달성을 위하여 일련의 행동의 각 요소에 유효적절한 기
능적 위치나 역할을 부여하고, 이 조직화가 특정 목표 달성을 위한 가장
효과적인 수단의 행사와 결부된 상태로 이끌어 나가는 것이다.

마) 지각적 개방성(Os : Openness)

문제 사태에 대하여 민감하게 사실대로의 지각을 할 수 있는 능력을
말한다. 특히 관련성이 없는 자극에 의하여 혼동되거나 장애를 받지 않
고 독립적인 지각을 할 수 있는 것을 의미한다. 이른바 독립적인 지각성
(field independent perception)이다.

바) 성격적 요인(P : Personality factor)

창의성은 지적 능력으로만 결정되는 것이 아니라 성격적 요인이 상당
한 정도로 내포되어 있다는 관점에서 도합 45개의 진술문(陳述文)으로
된 창의적 성격 특징을 알아보도록 한 것이다.

5. 창의성 향상을 위한 교수학습 모형

교수·학습 모형이란 특수한 교수·학습 목표를 달성하기 위하여 설계된 처방적인 교수·학습 전략이다. 창의성 혹은 창의적 문제해결력을 신장시키기 위해 "교과를 잘 가르치면 길러질 수 있다."는 교과 모형 또는 학과 중심적 접근과 "교과와 관계없이 가르칠 수 있다."는 일반 모형 또는 학과 독립적 접근이 있을 수 있다. 여기서는 전자의 입장에서 우종옥(2000)의 창의적인 과학 문제해결 수업모형을 토대로 교과학습을 통한 창의성의 향상을 위한 교수·학습모형을 다음과 같이 제시하여 보고자 한다.

〈그림 Ⅱ-7〉 교과학습을 통한 창의성의 향상을 위한 교수·학습모형

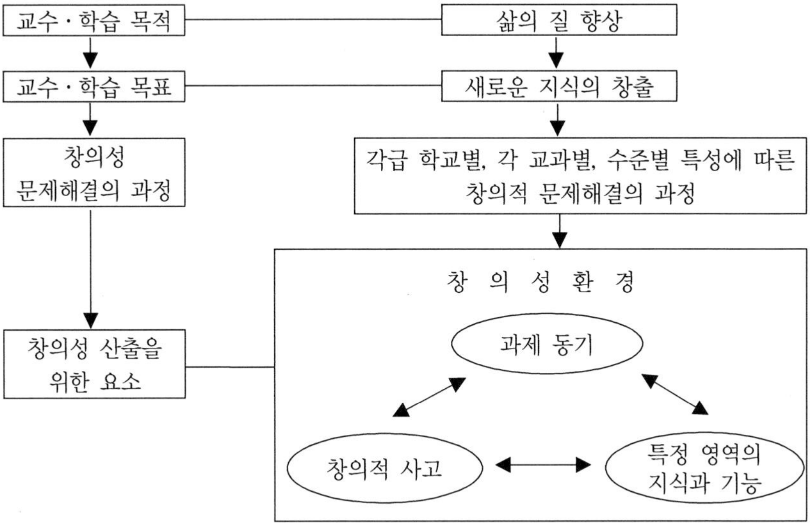

자료 : 정종진, 2002 : 24.

창의성 산출을 위한 특정 영역의 지식과 기능, 창의적 사고, 과제동기, 창의적 환경 등 네 가지 요소들이 서로 상호간에 영향을 미치며, 이 요

소들을 기반으로 창의적인 문제해결의 과정을 거쳐 문제를 해결하게 된다. 이러한 창의적 산출을 위한 요소와 창의적 문제해결의 과정을 거치면서 새로운 지식창출이 가능하게 되고, 창의성 향상을 통해 삶의 질을 향상시킬 수 있다. 창의성 교육을 위한 교수·학습의 목적이나 목표는 각급 학교별과 각 교과에 관계없이 모든 학생에게 공통적인 것이라 할 수 있다. 또한 각급 학교별, 학생 수준별 정도의 차이는 있겠지만 창의적 산출을 위한 네 가지 요소는 누구에게나 일반적인 것으로 볼 수 있다. 그러나 각급 학교별, 학생수준에 따라 적용방식이 달라져야 하며 교과에 따라서도 교과의 성격에 맞는 교수·학습방법이 요구된다.

실제로 새로운 지식을 창출한 셰익스피어, 피카소, 아인슈타인 및 에디슨과 같은 창의적인 사람들이 그냥 된 것이 아니다. 그에 걸맞은 창의적 환경과 창의적 사고, 특정 영역의 지식과 기능, 과제 동기와 같은 창의적 산출을 위한 요소에서 제시되는 그러한 사고의 특징을 배우고, 자기에 맞게 잘 구사하였으며 창의적 문제해결의 과정을 거쳤기 때문이다.

학생들이 배우는 교과 내용은 결국 학생들에게는 새로운 지식이며 몰랐던 지식을 새로 알게 되는 것도 학생들에게 있어서는 지식 창출이라고 볼 수 있다. 교과마다 창의성 향상을 위한 교수·학습모형처럼 창의성 교육을 하다 보면 창의성도 향상되고, 나아가서는 창의적인 사람이 될 수 있는 것이다.

앞으로 창의적 산출을 위한 요소를 바탕으로 하여 각급 학교별, 각 교과별, 수준별 특성에 따른 창의적 문제해결의 학습과정을 구안하여, 교과 특성에 맞는 교과 중심적 교수·학습모형을 개발·적용시켜야 새로운 지식창출이 가능할 것이다.

가. 창의성 향상을 위한 교육환경 조성

창의성을 향상하기 위해서는 창의적 사고를 방해하는 분위기를 개선해야 한다. 창의성의 향상을 북돋우는 분위기에 대해 간단히 살펴보면 다음과 같다(강호감, 2001).

첫째, 아이디어가 잘 흘러나올 수 있는 심리 상태를 만든다. 집단이 모여 아이디어를 내놓을 수 있는 기회를 자주 갖고, 대상 자체에 몰입할 수 있는 분위기를 조성한다. 늘 변화 없는 일상에서 탈피하여 긴장과 리듬을 주고, 때로 기분 전환을 하는 것도 필요하다. 전문적인 최면 요법이나 명상 훈련도 창의성 향상에 도움이 된다.

둘째, 아이디어가 잘 흘러나오도록 자극을 가해야 한다. 모든 사물을 새로운 각도에서 보는 연습을 하고, 연상의 동기를 만들며 가능한 많은 질문을 던져 본다. 전혀 관련이 없다고 생각되었던 것까지도 억지로 연결 지어 보면 좋은 생각이 떠오를 수 있다.

셋째, 아이디어가 잘 흘러나올 수 있는 환경을 제공해 준다. 조직적이고 획일적인 분위기를 벗어나 개방적이고 민주적인 분위기를 조성·유지한다. 때로는 우습게 들리는 타인의 생각도 존중하고 격려와 칭찬을 습관화한다. 가급적 새로운 환경을 직접 체험할 수 있는 기회를 마련해 보고, 문제를 회피하려고 하지 말아야 한다.

이상의 세 가지 고려 사항 중에서 가장 중요한 것은 창의적 환경 조성이다. 창의적 행동을 유발할 수 있는 환경은 앞에서 언급한 세 가지 중요한 요소, 즉 물리적, 정신적, 정서적 측면을 고려해야 한다. 학생들은 하루의 대부분을 학교에서 보내므로 넓은 사회나 가정보다는 학교에서의 창의성 향상을 위한 창의적 환경을 조성할 수 있는 물리적, 정신적, 정서적 측면을 다음과 같이 생각해 볼 수 있다.

1) 물리적 환경

교실에는 교사가 지향하는 행동들에 필요한 물리적 도구들이 있어야한다. 굳이 정교하거나 비싼 것일 필요는 없다. 실제로 모든 교실은 학생들이 짝지어서 혹은 혼자서 학습할 수 있을 뿐만 아니라, 큰 집단 및 작은 집단의 활동이 가능하도록 꾸며질 수 있다. 만약 책꽂이나 분할기가 없다면 오래된 커튼, 두꺼운 종이 등을 이용할 수 있고, 학생들에게 도구를 고안하는 훈련을 시켜도 좋다.

중요한 것은 교사가 여러 가지 목적에 알맞은 공간을 만들 수 있도록 환경을 제공해 주는 일이다. 만약 학생들이 혼자 활동할 수 있는 개인용을 제공해 줄 여건이 못 되면, 일정한 시간만이라도 자신에게 할당된 공간을 가질 수 있어야 한다. 조그마한 탁자, 창문을 향해 놓인 전통적 책상 등 자신의 공간이라고 주장할 수 있는 것이면 된다.

학생들에게 개인 공간을 할당해 주는 것과 마찬가지로 사용 중인 도구를 안전하게 보관할 수 있는 장소도 있어야 한다. 개인 사물의 보관 장소로는 신발 상자, 칸막이 사물함, 큰 봉투, 파일, 책상 등 어떤 종류의 공간도 좋다. 창의성을 위해 환경을 조성하는데 있어서 교사는 개인의 공간과 사물을 서로가 존중해 주는 것이 얼마나 중요한가를 강조해야 한다.

학교에서는 성적, 미술작품, 체육부나 음악부 명단, 방과 후 남을 학생들 명단, 일과표 등 학생들에 관한 것이 제시된다. 창의적 행동을 길러주기 위해 학생들에게 위험에 도전하고, 새로운 것을 시도하고, 남다른 것을 해 볼 것을 요구하는 경우, 그들이 모험을 하고 있는 동안에 프라이버시를 지켜주는 것이 필요하다.

교사는 학생들이 어떤 활동을 수행할 때 간섭을 하는 경향이 있다. 예를 들면, 너무 일찍부터 "이건 틀렸다."고 말하거나 "이렇게 고치면 더 좋겠다."고 지적하거나, 빨리 해결하도록 하기 위해 도움을 주거나 한다. 이런 이른 간섭은 창의성을 고무시키기보다는 위축시키기가 쉽다. 학생들의 개인 공간은 창의적 성과에 중요한 정서가 뒷받침이 된다.

교실에서의 다른 물리적 환경 요소에는 코르크 보드, 탁자, 선반, 과일 바구니 등 창의성을 향상시킬 목적으로 준비된 것이면 어떤 것도 포함될 수 있다. 책, 지도, 백과사전, 게임 도구 및 퍼즐뿐만 아니라 종이, 끈, 풀, 연필, 색연필, 가위 등 필요한 물건들은 손닿는 곳에 두어야 한다. 가능한 한 교사들은 다양한 자료를 교실에 준비해 놓는 것이 좋다. 결정적인 순간에 학생들이 그것들을 금방 이용할 수 있다면 창의적 행동을 향상하는데 큰 몫을 한다.

2) 정신적 환경

창의적인 교육환경 조성을 위한 정신적 조건은 도전의식 고취라고 표현해도 좋을 것이다. 학생들의 학습 양식과 흥미는 각양각색이다. 교사는 학생들이 어떤 특성과 흥미를 갖고 있는지를 파악하여 거기에 맞는 다양한 자극을 제공해 주어야 한다. 이때 자극은 도전적인 것이되 학생의 능력을 지나치게 초과하지 않는 것이어야 한다. 사람은 성공 경험을 통해 다음 활동에 대한 도전의식을 느끼기 때문에, 처음에는 성공할 수 있는 쉬운 문제를 제시하고 점차 수준을 높여 가는 것이 필요하다.

학습 방식이 언어 지향성인 학생에 있어서는 비교적 풀기 쉬운 단어 게임으로 시작한다. 각종 형태의 퍼즐이나 문제를 풀 때 학생 스스로 답을 만들어 내도록 유도해야 한다. 학생들이 자신의 결과물을 이야기하거나 전시함으로써 친구들에게 발표할 기회를 주어야 한다. 그렇게 함으로써 학생들 스스로가 지속적인 자극을 느낀다.

시각적인 학습을 선호하는 학생들은 그림처럼 표현된 문제를 좋아하고, 수리력이 뛰어난 학생들은 수리 문제를 좋아하고, 수학을 잘하는 학생들은 수학 지식뿐 아니라 사고의 융통성도 요구하는 한층 더 복잡한 문제를 좋아한다. 이처럼 학생들의 학습 양식에 따라 문제를 제공하는 것은 정신적 도전에 도움이 된다. 이는 어려운 문제에 대해 두려움보다는 흥미를 점점 더 갖게 되고 모험에 도전하며, 자신의 정신 능력에 대한 보다 긍정적인 생각을 갖게 한다.

3) 정서적 환경

창의적 교육환경 조성을 위한 정서적 조건은 물리적, 정신적 조건보다 중요하다. 정서적 조건이 뒷받침되지 않으면 물리적, 정신적 조건이 모두 갖추어져 있더라도 소용없다. 정서적 환경을 갖추어 준다는 것은 학생들이 자유로이 창의적 사고를 할 수 있도록 안정감을 부여하고 신뢰관계가 형성된다는 것과 같은 의미이다.

정서적 환경은 학생들이 각자의 능력에 따라 성장할 수 있고, 우습게 들릴 수 있는 자신의 생각조차 인정되며, 서로간의 차이를 존중받을 수 있다는 심리적 안정감이다. 교사와 학생 간에는 신뢰의 분위기가 조성되어야 한다. 누구나 신뢰가 무너지는 좌절을 경험하면 다시 그런 상황에 처했을 때 결코 모험을 하려고 하지 않는다. 특히 학생에게 있어서 신뢰의 파괴는 창의적 행동을 방해하는 가장 중요한 요인으로 작용한다.

창의적 행동을 돕기 위한 교실의 정서적 환경 조성은 학생들이 자기 가치, 소속감 및 자신의 저력을 경험하도록 상황을 제공하는 일이며, 이를 통해 자신과 타인의 존엄성을 느끼게 된다. 학생들은 진실한 도움을 받았을 때 다른 사람을 돕는 방법을 터득하게 된다. 그리고 점차 수준 높은 도전을 받음으로써 자신감을 얻는다.

나. 창의성 향상 지도방안

1) 교사의 역할

교사가 수업을 통해 학생들의 창의성을 향상하기 위해서는 다음과 같은 역할을 수행하여야 한다.

- 다양한 교수·학습방법을 전개해야 한다.
- 적절한 감독 하에서 학생들이 더 많은 개별활동을 하도록 허용해야 한다. 학생들에게 충분한 시간과 피드백을 주는 것이 좋다.
- 학생들이 교사의 지식·재능을 최대한 활용할 수 있는 기회를 갖게 한다.
- 진리는 주어지는 것이 아니라 탐구해야 하는 것임을 강조하고, 진리 탐구의 동반자가 되어주어야 한다.
- 계속적인 연수를 통해 담당 교과와 교수방법 능력을 지속적으로 배양해야 한다.
- 학생들의 독특한 아이디어나 반응을 지지해 주고 강화해 주어야 한다.

2) 교수·학습원리

창의적인 교수·학습은 자기 주도적인 학습태도와 유연하고 민주적인 교수방법, 가치탐색, 개방적인 질의 응답, 그리고 아이디어와 교재의 충분한 고려 등을 중시하는 신념에서 나온다고 한다.

보다 일반적으로 보면 창의성을 향상시키기 위해 교사들은 학생 개개인의 개별성과 창의성을 존중해 주는 태도를 지녀야 한다. 또한 창의성은 어떤 새로운 것을 만든 사람들을 비난하기보다는 보상하는 문화 풍토를 요구하며, 창의적인 발언을 질식시키는 교실 풍토보다는 그것을 길러주는 교실 풍토를 필요로 한다.

3) 창의성 기법과 프로그램

한국교육개발원은 사고력 프로그램에서는 사고를 '문제 상황이나 장면에 직면하여 긍정적으로 그 문제를 해결해 나가는 체계적인 지적활동'이라고 규정하고 있다. 창의적 발상은 창의적 사고의 기본이요 핵심적 특성이고, 바로 그 지도 방법이 창의성 교육의 성패를 좌우한다고 볼 수 있으며 학생이 일정한 창의성 교육을 받고 그가 실제로 창의적인 발상을 할 수 있을 때 그 창의성 교육은 효과가 있었다고 말할 수 있다(정종진, 2002 : 32-40).

가) 브레인스토밍(Brainstorming) : Alex F. Osborn에 의해 창안된 브레인스토밍이란 뇌에 폭풍을 일으킨다는 뜻으로, 어떤 구체적인 문제에 대한 해결 방안을 생각할 때, 비판이나 판단을 일단 중지하고, 질을 고려함이 없이 머리 속에 떠오르는 대로 아이디어를 내게 하는 방법이다. Osborn은 브레인스토밍을 창의적인 아이디어나 해결책의 산출을 위한 자유로운 집단 토의 방법이라고 하였다.

나) 속성 열거법(Attribute Listing) : 문제의 대상이나 아이디어의 다양한 속성을 목록으로 작성하여 세분된 각각의 속성에 주의를 돌리는 기법이다. 대상물의 주요 속성을 열거하기, 속성을 변경시킬 수 있는 방법을 열거하기, 한 대상물의 속성을 다른 대상물의 속성 변경에 이용하기 등을 훈련시키게 되는데, 각각의 속성을 분석하면서 그 속성에 대한 집중적인 생각을 통하여 개선, 수정, 발전의 탐색과정을 거친다.

다) PMI 기법 : PMI는 좋은 점 – 나쁜 점 – 흥미로운 점 찾기로서 Plus(좋은 점, 좋아하는 이유, 긍정적 측면), Minus(나쁜 점, 싫어하는 이유, 부정적 측면), Interesting(흥미로운 점)의 약자로서 드 보노가 개발한 프로그램 속의 사고 기법이다.

라) 여섯 가지 사고 모자(Six Hats) : 드 보노가 창의적 사고력 기법으로 제안한 것으로서 여섯 가지 색깔, 즉 백색모(사고의 특징: 중립적이고 객관적 사실, 자료, 정보), 적색모(감정, 느낌, 육감과 직관), 흑색모(부정적 판단, 어떤 것이 실패한 이유), 황색모(낙관적, 긍정적, 건설적 기회), 녹색모(창의적, 측면적 사고, 여러 가지 해결

방안), 청색모(요약, 개관, 결론, 규율의 강조, 사고에 대한 사고)의 모자를 바꾸어 쓰면서 자신의 모자 색깔이 표상하는 유형의 각각 다른 사고자의 역할을 해 보는 방법이다.

마) 도전적 진술법(Provocative Operation) : 드 보노에 의해 창안된 아이디어 산출기법인 도전적 진술법은 어떤 아이디어(진술)를 판단 하려는 것이 아니라 판단 체제 밖에서 사고(조작)해 볼 것임을 표 시해 주는 것이다. 이 방법은 아이디어 다루는 것을 즐기거나, 가능 성을 탐색하거나, 고정 관념을 깨뜨리고 싶을 때 유용한 도구가 될 수 있다. 도전적 진술법의 방법은 별난 진술이나 비현실적인 바램이 없어야 한다.

바) 시네틱스법(Synectics) : 어원상 서로 관련이 없는 요소들간의 결합 을 의미하는 희랍어의 synecicos에서 유래한 synectics이라고 이름 하여 개발한 이 방법은 개인이 당연한 것으로 받아들이던 대상이나 요소를 이상한 것으로 파악하거나, 이상한 것으로 받아들이던 것을 친밀한 것으로 받아들이는 경험을 통해 사고의 민감성을 증진시키 는 기법이다.

사) 강제 관련법(Forced Relationship) : 서로 관련이 없는 두 개 이상의 사항을 인위적으로 관련시키는 방법이다. 예를 들면, 세로축 1번에 자신이 좋아하는 물건의 이름을 쓰고, 2번에는 아침에 등교 길에 본 인상 깊었던 것들을 쓰고, 3번에는 자기가 좋아하는 음식을 써서 1, 2, 3항을 수평으로 또는 주사위를 던져서 임의의 번호를 맞춰 서로 관련짓고, 그것을 연결해서 단문을 짓거나 그럴듯한 이야기를 꾸미 게 하는 것이다.

아) 연상법(Association) : 창의성의 근원은 상상력이고, 상상력의 원천 은 연상력이다. 결국 연상력이 풍부해야 창의성이 유창하다는 말이 된다. 이 연상법은 어떤 단서, 대상, 주제, 방법, 상황을 제시하고 문

득 문득 떠오르는 아이디어들을 포착, 제시하는 방법이다.

자) SCAMPER법 : 어떤 기존의 형태나 아이디어를 다양하게 변형시키는 방법으로 SCAMPER라는 방법이 있다(Barrett, 1992). 다른 것으로 대치하면, 다른 것을 결합하거나 혼합하면, 다른 상황이나 분야에 적용하면, 수정·확대·축소하면, 다른 용도로 사용하면, 제거·전도·재배열하면 등과 같은 항목을 제시하고 여러 가지로 발상을 하는 방법으로 아이디어 체크리스트법이라고도 부른다.

차) 형태 분석법(Morphological Analysis) : 문제를 다수의 독립변인으로 나누고, 그 각각에 대해 가능한 한 많은 해결방안과 아이디어를 생각한 후 그것들을 여러 가지 방법으로 조합하는 것이다. 예를 들어, 새로운 유형의 수송수단을 개발하는 문제에 대해서 세 가지 측면, 즉 수송수단의 유형(6개 : 밧줄, 수레, 로켓, 상자, 수레바퀴, 배)과 힘의 근원(6개 : 공기, 물, 전기, 말, 사람, 원자) 및 수송수단으로 사용되는 매체(5개 : 공기, 물, 기름, 육지, 튜브)를 조합하여 180가지 방법의 수송수단이 가능함을 보여주었다.

4) 창의성 교수·학습 방법

위에서 설명한 창의성 혹은 창의적 사고를 훈련하기 위한 기법 혹은 프로그램들은 학교 교육에서 창의성 향상을 위한 교수·학습 방법으로 적절히 응용·활용될 수 있겠지만, 교실수업에서 창의성을 향상하는 데에 유용하게 활용될 수 있는 교수·학습 방법 혹은 형태로는 다음과 같은 것을 들 수 있다.

가) 마인드 맵(Mind Map) : 마음속의 아이디어를 그림으로 그려서 발전시키는 방식의 발상법으로, 무엇을 생각할 때 흔히 메모지에 낙서를 하는 것에서 발전된 것이다. 이것은 생각하고 있는 것을 간

단한 그림과 기호, 상징을 사용하고 색깔로 강조하며 짧은 낱말을 가지고 나뭇가지와 같은 가지를 그려서 그 위에 빠르게 표현하는 시각적인 도식이다.

나) 개념도(Conceptual Map) : 개념들 간의 유의미한 관계를 간단한 도식으로 나타낸 것으로, 두 개념 사이를 연결어로 연결시켜 하나의 명제를 만드는 것이다. 개념도는 새로운 개념이나 개념의 의미가 보다 넓고 포괄적인 개념 하에 포섭될 때 가장 쉽게 만들어지기 때문에 위계적이다. 즉, 좀더 일반적이고 포괄적인 개념은 개념도의 상단에 위치하고, 점점 더 구체적이고 덜 포괄적인 개념일수록 하단에 위치해야 한다.

그래서 개념도 작성은 개념과 명제들을 외연화(外延化) 시키는 기술이라고 할 수 있다. 만일 이전에 관련지어서 생각하지 못했던 개념들간의 관계를 만든다면, 개념도를 그리는 과정에서 새로운 개념 관계를 개발할 수도 있다. 이런 점에서 개념도 작성은 창의적 활동이 될 수 있으며, 창의성 향상에도 도움이 될 수 있다.

다) 역할 놀이(Role Playing) : 놀이는 학생들이 가장 즐기는 활동, 자발적인 활동, 다양한 경험을 포함하고, 탐구적·창의적이라는 속성을 가지고 있기 때문에 학생의 창의적, 혁신적 학습이 촉진되는 효과가 있다.

라) 프로젝트 접근법(Project Approach) : 프로젝트란 한 명 또는 그 이상의 학습자가 책임을 지고 특정한 주제를 심층적으로 연구하는 활동이다. 즉, 소집단의 학생들이 토론하여 학습할 가치가 있는 특정 주제를 정하고, 그것에 대해 계획적으로 연구하고 문제를 해결하는 유목적적 활동이다.

그러므로 프로젝트법은 이상과 같은 프로젝트 활동을 통해 학습하게 될 때 프로젝트 접근법이라 할 수 있다. 프로젝트 접근법의 절차는 크게 준비하기, 주제 결정하기, 활동 계획하기, 탐구 및 표현하기, 마무리하기, 평가하기의 여섯 가지 요소로 구성되는데 이들 요소는 각각 이루어지는 것이 아니라 상호 연관성을 가지고 움직이며 상호 왕래하면서 진행하는 역동성과 순환성을 지닌다. 이러한 프로젝트 접근법은 학생들로 하여금 프로젝트 활동의 전 과정에 직접 참여하여 문제를 해결해 나감으로써 내적 동기와 호기심을 크게 자극하고 학생의 문제 해결력을 향상시킴과 동시에 유창성, 융통성, 독창성, 상상력 등 창의적 사고력에 영향을 줄 수 있다.

마) 문제 중심 학습(Problem Based Learning, PBL) : 처음 사용되기 시작한 문제 중심 학습은 복잡한 실제 세계의 맥락 속에서 비구조화된 문제를 제시하여 의미 있는 해결방법을 찾아내게 함으로써 교과지식과 기술뿐만 아니라 문제 해결 전략을 동시에 가르치는 교육과정이며 교수전략이다. 문제 중심 학습은 능동적인 학습, 주제 특수적인 문제해결, 이해를 위한 학습, 자신의 사고 인식, 다양하고 복잡한 관점 형성, 자기 스스로의 설명, 흥미 증진, 집단학습 등 효과적인 학습의 특징들을 통합한 방법으로 평가받고 있다.

B. 창의성 향상을 위한 발명 프로그램의 적용

발명을 하려면 먼저 주위에 있는 학용품이나 새로운 용품, 가구 등을 보았을 때, '왜 저렇게 만들었을까?, 다른 방법은 없을까?'라는 흥미를 가지는 것이 중요하다. 그러나 흥미가 솟아났다고 해서 반드시 발명이 이루어지는 것은 아니며 지속적인 교육과 훈련으로 습관화되어야 한다.

실험 적용 대상은 경기도 부천시에 소재한 B, W초등학교에서 학교장과 담임교사의 동의를 얻어 선정된 4개 학급(N=152)으로서, 이들을 실험집단1(n=76), 실험집단2(n=76)에 각각 두 학급 씩 무선(無選)으로 배정하고, 2002년 3월부터 2003년 2월까지 1년 동안 발명동아리를 운영하였다.

발명동아리 운영을 위해 개발한 창의성 향상 발명 프로그램은 총 365가지로 1일 1회, 방학이나 공휴일에도 가정에서 매일 한 가지 이상 프로그램을 수행할 수 있도록 상설 발명교실에 설치해 두고, 아침, 점심, 방과후에 자율적으로 참여하도록 하였다. 특히 목요일 6교시에는 정기적인 모임을 통해 1주일간의 발명 발상과 창의성 활동을 지도 조언해 주었다.

1. 발명 프로그램의 이해[1]

미래 사회는 고도의 정보화 사회, 첨단 기술 사회로 모든 분야에서 고도의 지적 수준을 지닌 창의적이고 능동적인 인간을 필요로 한다고 예측하는데 발명 교육을 통하여 청소년들의 창의력을 계발하기 위한 프로그램이 직접적이고 실천적인 교육 방법의 하나로 추진되고 있다.

가. 청소년 발명 아이디어·디자인 경진대회 지도

매주 목요일 6교시 발명 교실에 모둠별로 모여 아이디어 노트를 돌려보면서 브레인스토밍을 하고, 모둠 대표가 발표를 한 다음 가장 좋은 작품을 선정한 후 지도교사의 평가를 받는다. 탁월한 작품은 전문가의 지도 조언에 따라 작품을 만들고 대회에 출품을 한다.

21세기를 리드하는 지식정보화 사회에 주요 구성원으로 등장한 청소년들에게 새로운 패러다임의 변화를 혁신적으로 유도하며 발명(과학) 활

---

1) 세부 프로그램 내용은 부록 참조

동 촉진을 위하여 지식기반 산업에 대한 창의성을 계발하고, 산업 재산
권의 일상 생활화를 유도하여 21세기의 지식 경쟁력을 갖춘 전문화된 청
소년들의 잠재된 능력이 계발된 인재를 발굴 양성하고자 한 대회로 본
연구와 부합하여 대회 참가를 위한 발명 활동을 부록에 첨부한 발명 프
로그램을 중심으로 추진하였다.

나. 발명 아이디어 창출을 위한 프로그램 설정

발명 아이디어 창출을 위하여 다양한 미디어를 활용하고, 발명 동아리
토요일 활동 시간에 발명 프로그램 정보를 교환한 다음 가장 선호하는
작품을 주제로 정하고 각종 아이디어를 첨가하였다.
방학 중에는 과제로 제시하며, 다양하고 실용성이 있는 아이디어가 창
출되도록 여러 가지 정보를 제공하였다.

다. 좋은 생각 모으기(Idea Scrap)

신문, 잡지 등 발명 관련 각종 자료를 파일 자료화하여 개인용 스크랩
을 만든 다음 모둠별로 활용을 하는 활동이다.
생활 주변에서 활용하거나 볼 수 있는 상품 아이디어를 스크랩하여
돌려봄으로써 발명 의욕을 높일 수 있고, 아이디어 스크랩 활동 중에 부
모 형제 친구의 도움으로 더불어 살아가는 공동체 의식과 대화의 폭을
넓힐 수 있었다.

2. 발명 프로그램의 실제

청소년들의 흥미와 관심을 유발하고 발명 기회를 자주 제공하며 참가

한 학생의 지도 과정에서 전문가의 잣대로 평가하지 않고 학생의 수준과 입장에서 지도와 격려를 하는 발명 프로그램의 실제적인 과정이다.

가. 용도의 발견(발명) 놀이

용도의 발명 발견 놀이의 주제는 학용품과 학생 생활 주변에서 쉽게 활용이 가능한 생활용품이다. 먼저 가장 좋아하는 학용품을 선정하여 '왜 좋은가?' 등 장점과 단점을 열 가지 열거하고, 아이디어를 모은 다음 가장 좋은 작품을 선정하여 지도교사의 조언을 듣는다.

이 놀이는 같은 것을 보고도 남다른 생각을 가질 수 있으며 짧은 시간에 주어진 주제를 보고 유연성, 유창성, 독창성, 과제 집착력, 상상력 등을 함께 신장시킬 수 있다.

나. 발견(발명) 이야기 이어가기

발견과 발명에 관한 이야기를 책으로 읽고 모둠별로 아이디어 이어가기를 하는 프로그램이다. 주어진 문제해결 과정에서 짧은 시간에 재치 있게 해 냄으로써 독창성, 상상력, 집중력, 순발력을 신장시킬 수 있으며 이야기가 끊어지지 않고 긴박하게 이어지도록 분위기를 조성하되 발표자의 이야기가 너무 길지 않도록 하였다.

다. 발명(발견) 관련짓기

발명의 기법 중에서 더하기(+) 방법을 활용한 프로그램으로 별개의 대상에서 연관성을 찾아내는 능력을 신장시킬 수 있으며 두 대상을 관련 지어 새로운 것을 찾고 다른 관점에서 해석하는 훈련이 길러진다. 특히 발명동아리끼리 브레인스토밍을 활발히 할 수 있으며 모둠별 경쟁을 통하여 협동심과 응집력도 크게 향상되었다.

라. 개인 아이디어 발표

지도교사가 선정한 아이디어를 발표한 학생이 직접 제작한 발명이나 그림을 가지고 내용을 설명하도록 하였으며 발명동아리 학생들은 질문과 동시에 자신의 아이디어를 첨가하도록 하고 발표자는 대답을 하며 토론 형식으로 진행하였다.

이 과정에서는 개인의 아이디어를 존중하고 가능하면 칭찬으로 시작하여 칭찬으로 마무리하는 것이 창의성 향상과 독창력을 함양하는데 크게 기여 할 수 있다.

마. 분임 아이디어 발표

브레인스토밍은 1941년 오스본이 제안한 '아이디어를 내기 위한 회의 기법'에서 비롯된 것으로, 작은 집단이 한 가지의 문제를 놓고 서로 아이디어를 내는 일종의 회의기법이다. 따라서 문제해결(발명, 발견)의 단계 중 아이디어 창출을 중심으로 한 테크닉이라 할 수 있으며 집단의 효과를 살리고 아이디어의 연쇄 반응을 내고자 하는 것이다.

바. 브레인스토밍 노트 활용

매주 목요일 6교시에 브레인스토밍 노트를 휴대하고 모둠별로 대화를 나눈 다음 개인 아이디어를 수정하거나 보충하는 프로그램이다.

개인의 아이디어를 적을 수 있는 발명 노트를 발명동아리 학생들에게

항상 휴대하게 하여 자신의 아이디어를 언제라도 메모할 수 있게 하였으
며 우수작을 추출하여 브레인스토밍을 시켜 발명품을 설계하고 제작하도
록 하였다.

사. 발명품 전시회

발명동아리 활동을 통해 익힌 발명 기법으로 아이디어를 작품으로 완
성하여 발명품 전시회에 참가하는 기회를 마련하였다. 발명 활동 중에서
전달 가능성이 가장 크고 상상력과 독창성을 발휘할 수 있는 기회를 제
공한다. 작품 준비 과정에서 탐구 의욕의 고취, 창의성의 발현, 논리적
사고력, 발전적 사고, 모험적 발상, 도전적 의욕, 자기 의사 표현 등에서
왕성한 활동이 일어나게 한다.

아. 발명 상상화 · 만화 그리기 대회

다양한 발명 프로그램 중에서 가장 선호하는 프로그램이다. 자신의 상
상력을 총 동원하여 쉽고 빠르게 아이디어를 나타낼 수 있기 때문이다.
만화나 그림 그리기는 자신의 생각, 독창성, 아이디어를 자유롭게 표
현할 수 있고 집중력을 높여 주므로 매우 중요한 프로그램이다. 특히 발
명 만화 그리기는 학생들이 흥미를 가지고 적극적으로 참가하였으며 우
수 작품은 파일 자료에 모아 자랑하기도 하고 작품전시회에 출품하기도
하였다.

자. 발명 도서 읽기 및 독후감 쓰기 대회

아침 자습 시간과 점심시간을 이용하여 발명 도서를 읽게 하고 연 2

회 독후감 쓰기 대회를 실시하였다.

발명 활동을 모방하고 싶은 충동을 갖게 하고, 관련 지식의 습득을 위해 발명 도서 읽기를 권장하여 분임 동아리 별로 독후감 문집을 만들고 우수한 독후감의 경우 시상하였다.

3. 창의성 훈련과 교육

생각하는 능력은 인간만이 가지고 있는 고유한 지적 능력으로 살아가는 동안 저절로 생겨나는 것이 아니라 교육을 통해 길러 질 수 있는 능력이다. 이에 따라 다음과 같은 프로그램으로 훈련과 교육을 통하여 창의성을 함양시키고 정보통신 기술사회에 적응하는 내용으로 구성되어 있다.

가. 창의성 경시대회

창의성 계발 활동을 마무리하면서 12월에 경시대회를 실시하였다. 문제는 부천시 영재 교육원에서 창의적으로 작성된 프로그램을 활용하였으며 희망자에 한하여 참가토록 하였다.

창의성을 유발하는 문제를 중심으로 여러 가지 문제 해결에 참신한 아이디어로 응답하는 것이다. 글로 표현하기가 쉽지 않으면 그림으로 표현하게 하는 등 다양한 방법으로 표현하게 하였다.

나. 창의성 마인드 맵 훈련

마인드 맵 노트를 만들어 발명 노트, 아이디어 스크랩, 브레인스토밍 노트 등과 함께 사용하도록 하였다. 주로 신문을 읽고 아이디어가 떠오르면 마인드맵으로 처리 할 수 있도록 사전에 훈련을 실시하고, 수시로 지도하였으며 칭찬을 아끼지 않았던 프로그램이다.

마인드맵을 통한 두뇌의 계발과 가능성을 느끼게 하고, 사고력과 창의성을 신장시키며 다양한 표현력을 기른다. 자신의 작품을 동아리끼리 돌려보면서 잘 된 점을 칭찬하고 발전 방안을 조언해 주기도 하였다.

다. 창의성 금·은·동장제

교내·외에서 입상한 작품을 중심으로 누가 점수화 하여 창의성 금장 은장 동장을 수여하여 명예심을 드높여 주는 프로그램이다.

창의성 활동성과에 따라 수시로 금장, 은장, 동장을 수여한다. 사전 계획에 따라 발명동아리에게 홍보하고 대외 입상, 교내 입상, 동아리 활동, 브레인스토밍 노트, 발명과 창의성 포트폴리오 등을 중심으로 점수를 부여한다.

라. 창의성 유발 학습지

창의성은 우수한 발명품을 창조하는 원동력이라 할 수 있다. 즉 창의력과 발명력은 같은 뿌리에서 출발하는 인간의 지적 능력이므로 발명 학습은 창의성 계발 학습 프로그램과 병행하는 것이 효과적일 것이다. 이에 창의성 계발을 위한 학습지를 만들어 활용하였다.

마. 창의성 유발 정보통신(ICT)교육

지식·정보화 사회에서 활동할 유능한 인재를 양성하기 위해서는 각 교과 교육에서 학습자들에게 새로운 환경에 맞는 지식과 경험을 제공해 주어야 하며, 이를 위해 정보 통신 기술의 교육적 활용 가능성을 넓혀

보다 나은 교육의 질을 개선할 수 있는 방안이 모색되어야 한다. 세계적으로도 ICT 활용 교육은 단순히 컴퓨터를 사용하는 방법을 가르치는 것을 넘어 교과 수업에 정보 통신 기술을 접목시키는 방향으로 나아가는 추세이다. 물론 이에 대한 반론도 있을 수 있으나, 이제는 컴퓨터를 비롯한 정보 통신 기술의 유용성을 의심하는 단계는 지났다고 보아야 한다. 발명동아리를 운영하는데 있어서 다양한 주제에서 도입하여 활용하였다.

4. 창의성 계발 프로그램

창의성은 정상적인 사고로 파악하고, 문제해결 과정에서 요구되는 고도의 인지적인 능력이 강조된다. 본 프로그램은 창의성을 계발할 수 있는 각 영역의 전통적이고 고유한 기법을 학생 지도에 적용하며 자연과학 및 사회과학 관련 특활 부서에서도 각 영역 특성에 맞는 프로그램을 학생 지도에 적용하였다.

가. 가정용 창의성 향상 프로그램

가족과 함께 재미있는 창의성 놀이를 할 수 있도록 제작한 것으로 대화가 단절되어 가고 있는 가정에서 브레인스토밍을 이용한 아이디어 창출 프로그램이라 할 수 있다. 여기에는 남녀노소의 다듬어진 아이디어가 산출되고 있으며 정교한 작품이 완성되고 있다.

1) 목 적
떠오르는 아이디어(Idea)를 좀 더 발전시키려면 한 사람보다는 둘, 두 사람보다는 여러 명이 함께 토론하고 평가하면 Idea를 더욱 개선·발전시킬 수 있다.

2) 진행과정

가) 준비물 : 생활 주변에서 볼 수 있는 각종 아이디어로 정한다.

나) 지도교사 역할 : 학생과 가족의 다양하고 독창적인 생각을 격려하고 지원하여 더욱 창의적인 능력을 발전시키는 것이다.

다) 역할 분담 : 주제가 정해지면 계획 단계에서 서로의 역할을 분담하고 지도 조언을 한다. 가능하면 자세한 역할 분담이 있어야 하며 가족간에 협조적이어야 한다.

라) 일정표 : 단기간에 할 것인가 장기간에 할 것인가 주제에 따라 다를 수 있으나, 일 주일은 토의하면서 구체적인 작품 설계를 하고, 지도교사나 전문가의 지도 조언을 받은 다음 제작에 들어 갈 수 있다.

3) 기대효과

핵가족 사회로 단절되어 가는 가정의 대화 분위기를 만들어 가고, 계층 간의 생활용품 활용에 따른 불편한 점을 상호 보완하면서 우수한 재활용품이나 발명품이 제작되어 전국대회에서 인정을 받은 작품도 있었다(종이컵 거름대 등).

4) 평 가

발명 아이디어 노트나, 아이디어 스크랩을 모둠별로 토의를 하고, 전문가와 지도 교사의 조언에 따라 최종 결정된 작품은 임시 설계도를 만들어 작품화하고 각종 대회에 출품을 하여 평가를 받는다.

나. 창의성 계발 캠프

1) 목 적

창의성 향상 기법으로 짜여진 프로그램을 학생들에게 경험하게 하여 짧은 시간에 창의적인 사고의 과정과 결과를 경험하게 한다. 이 프로그램은 학교에서 벗어나 자연 속에서 실시함으로써 일상의 틀을 벗어나 누구나 갖고 있는 인간 본성의 한 부분인 창의적인 능력을 확인해 볼 수 있는 효과가 있다.

2) 진행과정

가) 준비물 : 창의성 노트

나) 지도교사 역할 : 강의보다는 연습에 비중을 두고 각 캠프 과정을 실시한다. 지시적인 과정보다는 자율적으로 적극 참여할 수 있는 분위기를 조성해 준다.

다) 역할 분담 : 강의 과목은 특성 열거법, 형태 분석법, 체크리스트법, 결점 열거법, 브레인스토밍, 입출법 등을 분담하여 지도한다.

라) 일정표 : 용도 찾기 놀이, 이야기 이어가기 놀이, 비유하기, 만약에 ~한다면 놀이, 관련짓기 놀이 등 다양한 놀이를 경험할 수 있도록 일정표를 작성한다.

3) 기대효과

창의성 계발 캠프를 통하여 더불어 살아가는 협동심을 함양하고, 브레인스토밍 등 토의 문화도 정착할 수 있는 효과를 갖게 되었다.

현행 제7차 교육과정은 구성주의 이론을 바탕으로 체험학습을 중요시하고 있다. 보는 것으로 만족하지 않고 관심 분야의 각종 시설을 직접 체험함으로써 창의성을 계발하고, 우수한 아이디어를 발명품으로 인정받고 상품화하기도 하였다.

4) 평 가

창의성 캠프 활동을 통하여 모아진 아이디어를 모둠별로 스크랩하여 지도교사의 평가를 받고, 개인별로는 발명 만화, 창의성 글짓기, 창의성 캠프 체험 보고서를 작성케 하여 평가를 했다.

다. 창의성 계발 시설 견학

1) 목 적

현장에서 실시할 수 있는 체험학습의 일환으로 "아하! 이것 참 재미 있군!", "야! 신기한데!"의 반응 형태로 나타난다. 참신한 경험으로 창의성을 이해, 비교, 판단하는데 좋은 효과가 있으며 발전적 사고의 수용, 상상력, 독창성, 참신성, 영재성, 바른 결정 능력 등을 배양시키는 역할을 하게 된다.

2) 진행과정

가) 준비물 : 창의성 관련 단체 행사 일정표

나) 지도교사 역할 : 학생 발명 전시회, 발명품 경진대회, 창의성 전시회 등에 대하여 사전 계획을 세우고 관람을 하게 한다. 이때 그 작품들이 주장하고자 하는 초점은 무엇인가? 어떤 점이 가장 매력적인가? 하는 점을 이해하거나 메모하게 한다.

다) 역할 분담 : 관람과 견학을 실시하고 난 후 발명동아리 시간을 이용하여 모둠별로 역할 분담한 영역을 발표하게 한다. 자신의 생각과 친구들의 생각을 비교할 수 있고 자신이 무엇을 하지 못했는가 하는 점을 깊이 깨달을 수 있어 다음 견학과 자신의 단점에 어떻게 대처해 나갈 것인가를 반성할 수 있다.

라) 일정표 : 창의성 관련 단체의 일정에 따라 연간, 월간, 주간 계획

을 세워 동아리별로 견학을 한다. 때에 따라 지도교사나 학부모가 동행하지 않고 스스로 독립심을 키워주는 의미에서 개별적으로 관람과 견학을 할 수도 있다.

3) 기대효과

"백 번 듣는 것보다 한 번 보는 것이 낫다."고 했듯이 창의성이 풍부한 학생들은 직접 보고 조작하는 활동을 좋아하고 있다. 견학을 하면서 메모를 하는 습관도 기르고 친구와 함께 좋은 아이디어를 상호 교환하는 등 다양한 체험을 할 수 있는 것이 견학이다.

청소년을 위한 창의성 관련 시설들이 주변에 상당히 많이 갖추어져 있으므로 창의성 계발을 위하여 다양한 경험과 지도교사와 대화를 통하여 친근감을 형성할 수 있다.

4) 평 가

창의성 계발 시설별로 각종 프로그램 운영과 함께 평가를 겸하고 있어 아이디어를 수정 및 보충할 수 있고, 탁월한 작품은 시상도 하여 명예심을 북돋아 주기도 한다.

C. 선행연구

청소년 발명동아리 운영을 통한 창의성 향상 프로그램의 효과에 대한 연구 동향은 학문적 관심의 부재로 극히 일부에서만 실시되어 왔으며, 현재 학문적 관심 또한 매우 낮은 수준에 있다.

20세기 중반에 들어 Guilford가 창의성의 중요성을 강조한 이후, 많은 연구자들에 의해 창의성과 관련된 연구들이 실시되었다(Osborn, 1963 :

Torrance, 1966 ; 정원식·이영덕, 1975 ; 신세호 외, 1980 ; 임선하, 1993 ; 박숙희, 1999 ; 정황순, 2001).

그러나 이 연구들은 대부분 창의성이란 무엇인가에 관해 밝히거나, 창의성 측정도구 개발 및 효과를 연구한 것이었고, Renzulli(1986), 한국교육개발원(1994) 등은 창의성 프로그램을 개발하는 정도에 그치고 있다. 국회도서관에 소장된 1968년 이후 국내 박사 학위 논문 목록을 검색해 본 결과 창의성 관련 논문은 25편이었으며, 8편은 창의성 프로그램 효과, 4편은 창의성 원리 탐색, 3편은 변인을 탐색하는 연구, 3편은 창의성 적응관계, 4편은 창의성과 학업성취였고, 창의성 함양을 위한 논문은 3편이었다.

서울안천초등학교(1997)는 창의성 신장 기법을 활용한 교수·학습으로 학생의 창의성 향상에 긍정적인 변화를 줄 수 있는 교과 및 단원, 제재를 선정, 분석한 후 구안된 교수·학습 모형을 수업에 실제 적용하였다.

박숙희(1999)는 전래동화를 이용하여 창의성 향상 프로그램을 개발하고, 이를 약 12주 동안의 실험 결과 창의성의 모든 하위 구성 요인에서 의미있게 향상되었던 결과를 통해 효과를 입증하였다.

신영숙(1999)은 발명 교육 관심도와 학생의 창의성과의 상관관계 분석에서 창의적 성향(상관계수 .515)과 창의성(상관계수 .447)이 높게 나타나 발명학습 프로그램의 적용은 학생의 발명 의욕 고취와 창의성 신장에 효과적임을 연구하였다.

권득환(2000)은 체계적인 상설 발명동아리 지도를 통하여 발명에 대한 인식의 변화와 조직적으로 사고하는 태도가 향상되었으며, 다양한 프로그램의 적용과 발명사고 기법 훈련을 연구하였다.

정황순(2001)은 초등학교 학생의 창의성 계발을 위해 다양한 창의성 계발 프로그램의 개발과 적용이 필요하고, 학교 현장에서 창의성 계발 프로그램을 통하여 정서지능과 다중지능 수준을 향상시킬 수 있는 교육적 가치를 가지고 있음을 연구하였다. 이상의 내용을 표로 정리하면 〈표 Ⅱ-4〉와 같다.

〈표 Ⅱ-4〉 선행 연구의 제목 및 연구내용

연구자	제목 및 연구내용	발표기관
서울안천 초등학교 (1997)	**창의적 학습 모형의 실험적 적용** ① 창의성 신장을 위한 학교 교육 여건 개선 ② 창의성 신장 기법 활용 ③ 창의성 교수·학습 모형을 수업에 적용	실험학교 보고서
박숙희 (1999)	**전래동화를 이용한 창의성 향상 프로그램의 효과** ① 창의성 향상 프로그램의 효과 ② 창의성과 지능간의 상관관계 ③ 하위집단의 특성에 따른 효과의 변화	숙명여대 대학원 교육학박사 학위논문
신영숙 (1999)	**家族 發明 學習 프로그램의 구안 적용을 통한** **發明 意慾 高趣 및 創意性 伸張** ① 가족발명학습프로그램을 적용 ② 발명활동의 실천의욕 신장 ③ 창의학습지를 활용하여 창의적 사고력 배양	전국현장연구대회 (교총) 연구보고서
권득환 (2000)	**상설발명반 활동 프로그램 개발·적용을 통한** **창의성, 발명력 향상** ① 발명 분위기 확산과 발명 활동이 더욱 활성화 ② 다양한 프로그램으로 발명에 대한 관심과 흥미 ③ 발명사고 기법 훈련으로 창의성과 사고력의 향상	전국현장연구대회 (교총) 연구보고서
정황순 (2001)	**창의성 계발 프로그램의 적용이 창의성, 정서지능** **및 다중지능에 미치는 효과** ① 다양한 창의성 계발 프로그램의 개발과 적용 ② 인지적, 정의적 측면의 성장을 위한 현장의 노력 ③ 다중지능 향상을 위한 프로그램 개발	원광대 대학원 교육학박사 학위논문

Ⅲ. 연구의 방법 및 절차

A. 연구 대상

창의성 향상 효과 검증을 위한 실험 대상은 발명 프로그램이 추상적
이고 가설적인 개념을 다루고 있어, 연구 자료의 이해가 가능한 시기는
Piaget가 구분한 형식적 조작기이므로 이에 해당되는 초등학교 6학년에
서 선정하였다.

연구 대상은 부천시 원미구에 위치한 B, W초등학교이며 학교장과 담
임 교사의 동의를 얻어 선정된 4개 학급(N=152)으로서, 이들을 실험집
단1(n=76), 실험집단2(n=76)에 각각 두 학급 씩 무선(無選)으로 배정
하였다. 이 중 실험집단1은 실험기간 동안 연구자가 개발 및 편집한 창
의성 향상 발명 프로그램을 교육한 집단이고, 실험집단2는 실험집단1과
같은 분량의 창의성 프로그램을 단순히 살펴보는 집단이다.

〈표 Ⅲ-1〉 연구 대상자   (단위: 명)

집단 분류	대상학교	학 급	남	여	계	
실험집단1	B초등학교	발명동아리	27	11	38	76
	W초등학교	발명동아리	19	19	38	
실험집단2	B초등학교	A반	21	17	38	76
	W초등학교	B반	18	20	38	
전 체			85	67	152	

B. 연구의 방법 및 절차

1. 연구의 방법

본 연구에서 다루어질 구체적인 방법은 다음과 같다.

가. 창의성 향상 발명 프로그램 제작은 지각적 개방성, 유창성, 융통성, 독창성 등 창의성을 자극할 수 있는 내용으로 구성한다.

나. 창의성 향상 발명 프로그램의 효과를 검증하기 위하여 창의성 검사를 수행한다.

다. 창의성 향상 발명 프로그램의 효과를 검증하기 위해 실험집단1, 실험집단2를 설정하는 이질적 비교 집단의 사전·사후 검사 실험 설계를 세운다. 그리고 초등학생의 지능과 창의성의 높고, 낮은 수준에 따라 효과를 비교하기 위해 지능 검사와 창의성 검사를 실시하여 특성별 하위 집단으로 분류한다.

라. 실험집단1 에게는 발명 프로그램을 1년 동안 교육하고, 사전·사후검사를 실시한다. 실험집단2 에게는 사전검사 실시 후에 실험집단1과 같은 분량으로 프로그램을 단순히 교육한다. 실험집단2를 설정한 이유는 실험집단1과 같은 분량의 교육을 함으로써 실험 집단1 에게만 교육을 하는데 에서 초래될 수 있는 오차의 가능성을 배제하기 위해서 이며, 창의성 향상 발명 프로그램은 아니지만 실험집단1과 같은 분량의 프로그램으로 교육을 받은 실험집단2 에서도 창의성 향상 효과가 나타나는지를 알아보기 위해서이다.

마. 사후 검사 결과 창의성 향상 발명 프로그램을 적용한 집단에게 효과가 있었는지를 검증하고, 지능과 창의성의 높고, 낮은 수준에 따른 하위 집단별로 효과에 차이가 있는지를 분석하여, 창의성 향상 발명 프로그램 적용에 가장 효율적인 집단을 확인한다.

2. 연구의 절차

본 연구는 다음과 같은 절차에 따라 진행되었다.

가. 창의성을 향상시키기 위한 창의성 향상 발명 프로그램을 제작하였다.

나. 창의성 향상 프로그램의 효과를 검증하기 위한 실험 대상을 4개 초등학교의 6학년 중에서 학교장과 담임교사의 동의를 얻어 선정된 6학급을 실험집단1·실험집단2에 각각 무선적으로 배정하였다.

다. 실험 기간이 약 1년 동안 38차시에 걸쳐 실시되며, 사전·사후 검사의 실시 등의 절차가 필요하고, 프로그램의 실시 시간과 사전·사후 검사 일정 협의 등 실험 대상 담임교사의 긴밀한 협조가 필요하기 때문에 본 연구의 목적과 의의 방법 및 그 효과 등에 관하여 담임교사에게 자세히 설명하고 실험 일정에 관해 협의하였다.

라. 실험 일정이 협의된 후 본격적으로 실험을 진행하였다. 먼저 한국교육개발원의 집단 지능검사와 이영덕·정원식의 창의성검사를 실시하였다. 이것은 지능의 높고 낮은 집단, 창의성의 높고 낮은 집단별로 창의성 향상 효과를 알아보기 위해 그리고 각 집단을 분류하기 위한 것이다. 이 때의 창의성 검사 결과는 특성별 집단으로 분류하기 위한 것일 뿐만 아니라, 창의성 향상 효과를 검증하기 위한 사전 검사 점수로도 활용하였다.

마. 약 1년 동안의 실험을 본격적으로 진행하였다. 즉, 실험집단1은 창의성 향상 발명 프로그램을 실시하고, 실험집단2에는 창의성 단순 자료를 살펴보도록 하였다. 창의성 향상 발명 프로그램은 학생 스스로 익힐 수 있도록 제작되었으므로, 매일 아침 자율 학습 시간에 각 차시 분의 발명 및 창의성 프로그램을 배부하였고, 프로그램을 진행하는 과정에서는 B초등학교의 경우 연구자와 담임교사가 교대로 실시 과정을 지켜보았다. 실시가 끝나면 다른 학생이 실시한 내용과 자신의 것을 비교해 볼 수 있도록 발명교실 내부와 복도에 비치되어 있는 게시판에 전시하였다.

바. 실험 수행이 끝난 후 사후 검사인 창의성 검사를 실시하였다.

사. 사전·사후 검사 결과를 통계 처리하고, 그 결과를 분석하였다.

3. 측정 도구

가. 한국교육개발원 집단 지능검사

창의성 향상 발명 프로그램을 지능의 높고, 낮은 수준에 따라 하위 집단별 효과 비교를 위해 각 집단을 분류할 목적으로 한국교육개발원(1993)에서 개발한 초등학교용 집단 지능 검사를 사용하였다. 이 검사는 단어 유추, 문장 이해 및 적용, 수열, 수공식, 수문장제, 도형 유추, 나무 토막 세기의 소검사를 통해 지능을 측정한다. 이 검사의 검사-재검사 신뢰도는 $r = .84$이며, 반분 신뢰도는 $r = .89 \sim .94$에 분포되어 있고, 일반 지능검사와 유의미한 공인타당도가 있는 것으로 입증되었다. 검사 시간은 60분 정도 소요된다.

나. 창의성 검사

(1) 검사의 목적과 측정 요인

창의성 향상 발명 프로그램의 효과를 검증하고, 또한 집단의 특성에 따른 향상 효과의 차이를 검증하기 위하여 창의성의 높고 낮은 수준별 하위집단으로 분류하는 데에 사용하기 위해서이다. 특히, 기존의 지능 검사에서 측정하지 못하는 창의성을 측정하는 데에 사용할 검사가 필요했다. 실시 대상은 초등학교 6학년이며, 이 검사(이영덕·정원식의 표준화 창의성 검사)에서 다루고 있는 측정 변인으로서의 창의성 구성 요인은 유창성, 융통성, 독창성, 지각적 개방성이다. 검사 시간은 44분 정도 소요된다.

본 연구에서는 창의성 향상 발명 프로그램이 어떠한 특성의 집단에게 가장 효과적인가를 밝히기 위하여, 실험 대상을 지능과 창의성의 높고, 낮은 수준별 하위 집단으로 분류하였는데, 각 집단에 대한 조작적 정의를 내리면 다음과 같다.

  가) 높은 지능 집단 : 한국 교육개발원의 집단 지능검사에서 평균 이상
      의 범위에 해당되는 지수(IQ 110 이상 : 상위 20명)를 얻은 집단.
  나) 낮은 지능 집단 : 한국 교육개발원의 집단 지능검사에서 평균 이하
      의 범위에 해당되는 지수(IQ 89 이하 : 하위 20명)를 얻은 집단.
  다) 높은 창의성 집단 : 창의성 검사에서 상위 30% 이내의 점수를
      받은 집단(20명).
  라) 낮은 창의성 집단 : 창의성 검사에서 하위 30% 이내의 점수를
      받은 집단(20명).

4. 창의성 향상 발명 프로그램의 효과 검증을 위한 실험 설계

창의성 향상 발명 프로그램의 효과 검증은 비동질 비교 집단 사전ㆍ사후 검사설계를 기초로 하였다. 즉, 피험자들은 실험집단1ㆍ실험집단2에 각각 무선적으로 배정하고, 사전 검사를 실시한 후 38주간의 실험 수행후 사후 검사를 실시하였다.

〈표 Ⅲ-2〉 창의성 향상 발명 프로그램의 효과 검증을 위한 실험 설계

집단 분류	실험 절차		
실험집단1	O_1	X_1	O_2
실험집단2	O_1	X_2	O_2

O_1 (사전검사) : 지능검사, 창의성 검사
O_2 (사후검사) : 창의성 검사
X_1 : 창의성 향상 발명 프로그램 수행(38차시 분량, 38주 실시)
X_2 : 창의성 자료 단순 관찰 지도

5. 자료 분석

본 연구를 위해 수집된 모든 자료는 WINDOWS용 SPSSWIN. 10.0프
로그램을 운용하여, t검증 ·효과 크기의 비교· 획득 점수의 비교·공
분산분석(ANCOVA)·다변량분산분석(MANOVA)·Pearson 상관 계
수·다중회귀분석 등의 통계적 방법을 사용하여 처리하였다.

[가설 1]을 검증하기 위해서는 사전 검사 점수의 차이를 통해 실험집단1,
실험집단2가 모두 동질적인 집단인가를 알아보기 위해 t검증을 하였다.

사후 검사 결과에 대한 분석은 사후 검사 점수들 간의 차이를 검증하
는 t검증을 실시하였다.

[가설 2]를 검증하기 위해서는 t검증을 통해 높은 지능 집단과 낮은
지능 집단 간의 차이, 높은 창의성 집단과 낮은 창의성 집단 간의 차이
를 검증하여 동질성을 확인하였다.

사후 검사 결과에 대한 분석은 요인별 사전 검사 점수들의 집단간 차
이를 동시에 통제하여 요인별 사후 검사 점수들의 집단간 차이를 동시에
검증하기 위해 다변량분산분석(MANOVA)을 실시하였고, 지각적 개방
성·유창성·융통성·독창성의 요인별 향상 효과 검증을 위해 각 요인별

로 사전 검사 점수의 차이를 통제하고 사후 검사 점수들 간의 차이를 검증할 수 있는 공분산분석(ANCOVA)을 하였다.

　창의성 향상에 영향을 주는 예언 변인들의 상대적인 기여도를 분석하기 위해 중다 회귀분석을 실시하였으며, 가설 검증 외의 결과인 창의성과 지능간의 상관관계를 분석하기 위해 Pearson 상관 계수를 구하였다.

Ⅳ. 연구 결과의 분석 및 해석

A. 창의성 향상 발명 프로그램의 효과 검증

1. [가설 1]의 검증

가. [가설 1] 창의성 향상 발명 프로그램을 실시한 실험집단1은
    실험집단2에 비해 향상 효과가 있을 것이다.

창의성 향상 발명 프로그램을 일정 기간 적용하는 것이 창의성 향상에
긍정적인 영향을 미치는가의 여부를 검증함에 있어서 실험집단1, 실험집단
2의 창의성 사후검사 점수를 비교하고, 사전에 실시한 창의성 검사 점수의
집단에 따라 그 영향의 정도가 다른가의 여부를 확인하기로 했다.

1) 집단 간 창의성의 차이(출발점 능력의 비교)

집단 간 창의성의 차이를 위한 출발점 능력의 비교에서 실험집단1, 실
험집단2의 창의성 사전검사 점수에 차이가 있는지를 검증한 결과는 다음
과 같다.

〈표 Ⅳ-1〉 표준화 창의성 사전검사 결과

요 인	집 단	평 균	표준편차	t	유의확률
지각적 개방성	실험집단1	13.85	5.32	-1.325	.187
	실험집단2	15.00	5.32		
유창성	실험집단1	35.19	6.78	.397	.692
	실험집단2	34.76	6.68		
융통성	실험집단1	42.32	9.36	.026	.979
	실험집단2	42.28	9.05		
독창성	실험집단1	15.21	4.55	-1.393	.166
	실험집단2	16.28	4.98		
창의성	실험집단1	106.59	16.21	-.671	.503
	실험집단2	108.34	15.91		

* p<.05

〈표 Ⅳ-1〉에서처럼 연구의 실행 전에는 유창성과 융통성은 실험집단1이 실험집단2 보다 약간 높으나 지각적 개방성, 독창성은 실험집단1이 실험집단2에 비해 약간 낮은 경향을 보이고 있다.

창의성의 요인별 분석에서 보면 유창성, 융통성의 점수는 비슷한 분포를 보이지만 지각적 개방성과 독창성은 집단 모두 낮은 점수를 보이고 있다. 연구전 집단간에 창의력의 요인별 차이가 아주 근소하며 집단간 평균차이 검증을 한 결과도 유의수준 5% 수준에서 통계적으로 집단간 창의성의 차이는 없는 것으로 나타났으므로 실험집단1, 실험집단2의 창의성 출발점은 같다고 볼 수 있다.

실험집단1, 실험집단2의 창의성 사고기능별 사전검사 점수는 하위변인별로 살펴보면 유창성, 융통성), 독창성, 창의성, 지각적 개방성 등의 변인에서 통계적으로 유의미한 차이를 나타내지 않았다. 즉 실험 적용 이전의 두 집단의 창의성은 비슷한 수준이어서 동질집단으로 간주할 수 있다.

2) 창의성 사후검사의 창의적 사고기능별 차이

실험집단 1, 실험집단2의 지각적 개방성, 유창성, 융통성, 독창성, 창의성 사후검사의 창의적 사고기능별 차이를 살펴보면 다음과 같다.

〈표 Ⅳ-2〉창의성 사후검사의 창의적 사고기능별 차이

사고기능	실험집단1(N=76)		실험집단2(N=76)		t
	M	SD	M	SD	
지각적 개방성	20.00	6.91	16.22	6.11	3.565[***]
유창성	39.37	8.62	35.36	6.92	3.154[**]
융통성	48.38	6.48	43.17	5.10	2.988[**]
독창성	21.20	27.81	17.60	16.73	3.994[***]
창의성(전체)	128.95	55.76	112.37	33.47	4.452[***]

** p<.01   *** p<.001

창의성 사후검사를 창의적 사고기능별로 살펴보면 실험집단1에서 지각적 개방성 20.00점, 유창성 39.37점, 융통성 43.38점, 독창성 21.20점, 창의성 128.95점으로 전체적으로 실험집단1의 경우 실험집단2(112.37)보다 높은 점수를 보였음을 알 수 있다.

창의성 향상 발명 프로그램을 실시한 실험집단1은 실험집단2에 비해 지각적 개방성(t=3.565, p=.001), 유창성(t=3.154, p=.001), 융통성(2.988, p=.001), 독창성(t=3.994, p=.001), 창의성(t=4.452, p=.001)의 모든 요인에서 유의수준 p<.001 수준에서 매우 유의한 향상 효과가 있었다. 그러므로 창의성 향상 발명 프로그램을 실시한 실험집단1은 실험집단2에 비해

향상 효과가 있을 것이라는 [가설 1]이 수용되었으며 창의성 사후검사의
창의적 사고기능별 차이를 그래프로 살펴보면 다음과 같다.

〈그림 Ⅳ-1〉 창의성 사후검사의 창의적 사고기능별 차이 그래프

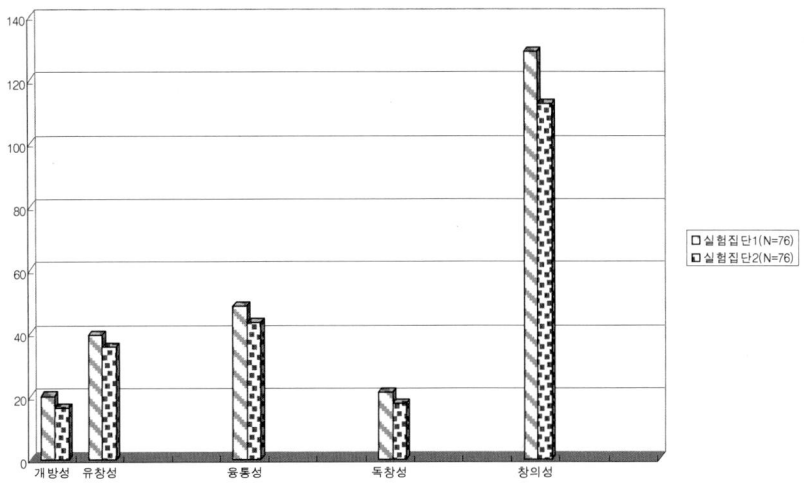

나. 두 집단간의 하위 집단별 효과 검증

[가설 1-1] 지능의 높고 낮은 수준에 따른 하위 집단별로도 창의성
          향상 발명 프로그램을 실시한 실험집단1의 하위집단은
          실험집단2의 하위집단에 비해 향상 효과가 있을 것이다.

1) 높은 지능 집단

실험집단1은 실험집단2내 높은 지능 집단의 창의성검사의 평균과 표
준편차에 대한 t검증 분석 결과를 나타낸 것이다.

〈표 Ⅳ-3〉 높은 지능 집단의 요인별 점수 비교와 평균치에 대한 검증

사고 기능	연 구	실험집단1(N=20)		실험집단2(N=20)		t
		M	SD	M	SD	
지각적 개방성	전	18.70	5.49	19.65	5.10	-.546
	후	25.05	7.40	21.25	6.58	1.715
유창성	전	38.50	6.39	38.55	7.05	-.023
	후	43.70	9.05	38.60	6.48	2.049*
융통성	전	49.05	5.18	47.60	6.25	.804
	후	57.55	6.48	49.10	6.34	4.164***
독창성	전	16.55	4.55	18.55	5.84	-1.201
	후	24.40	6.20	20.35	6.12	2.078*
창의성	전	122.80	8.38	124.35	8.11	-.584
	후	150.70	22.20	129.30	9.88	3.937***

* p<.05   *** p<.001

높은 지능 집단에 있어서 두 집단간의 요인별 점수 비교와 평균치에 대한 검증을 살펴보면 사후의 경우 유창성(M=43.7, SD=9.05)로 실험집단1이 실험집단2보다 높게 나타났으며(p<.05), 융통성(M=57.55, SD=6.48), 창의성(M=150.7, SD=22.2)의 경우 사후집단에 있어서도 실험집단1이 실험집단2 보다 높게 나타났음을 알 수 있다(p<.001). 하지만 개방성, 독창성의 경우에는 유의수준 p<.05 수준에서 유의한 차이를 보이지 않았다.

그러므로 창의성 향상 발명 프로그램을 실시한 실험집단1의 높은 지능 집단은 실험집단2에 비해 유창성, 융통성, 창의성 향상 효과가 있는 것으로 검증되었으며, 높은 지능 집단의 점수 비교와 평균치에 대한 그래프를 살펴 보면 다음과 같다.

〈그림 IV-2〉 높은 지능 집단의 점수 비교와 평균치에 대한 그래프

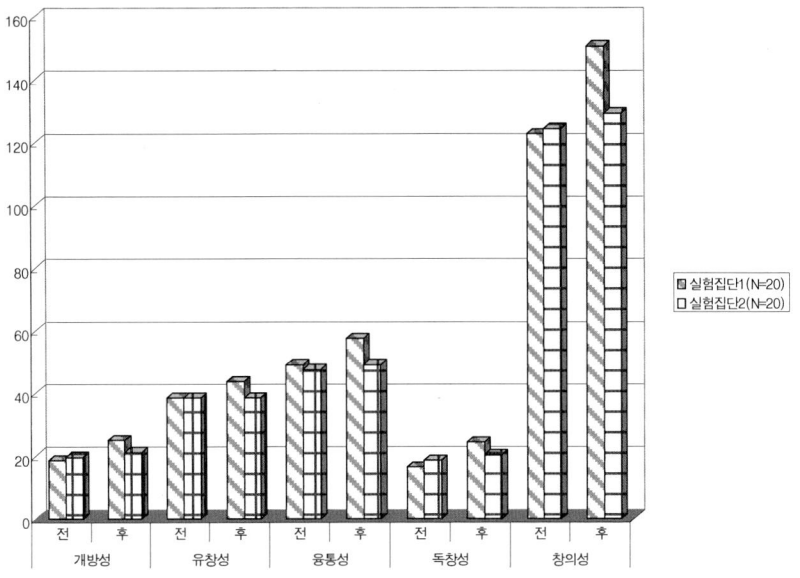

2) 낮은 지능 집단

실험집단1은 실험집단2내 낮은 지능 집단의 창의성 검사의 평균과 표준편차에 대한 t검증 분석 결과를 나타낸 것이다.

〈표 Ⅳ-4〉 낮은 지능 집단의 요인별 점수 비교와 평균치에 대한 검증

사고 기능	검 사	실험집단1(N=20)		실험집단2(N=20)		t
		M	SD	M	SD	
지각적 개방성	전	11.05	3.08	12.35	4.49	-1.066
	후	15.15	4.39	13.65	4.76	1.036
유창성	전	31.40	4.69	30.15	4.99	.815
	후	33.90	5.91	30.90	5.33	1.686
융통성	전	34.75	8.40	33.20	6.61	.648
	후	38.70	10.46	33.70	6.62	1.805
독창성	전	14.00	3.43	14.90	3.19	-.858
	후	17.74	4.99	15.95	3.33	1.320
창의성	전	91.20	11.51	90.60	10.60	.171
	후	104.90	20.25	94.20	10.57	2.094*

* p<.05

낮은 지능 집단에 있어서 두 집단간의 요인별 점수 비교와 평균치에 대한 검증을 살펴보면 사후의 경우 창의성(M=104.9, SD=20.2)이 실험집단1이 실험집단2 보다 높게 나타났다(p<.05). 하지만 나머지 요인에 있어서는 유의수준 p<.05 수준에서 유의한 차이를 보이지 않았다.

그러므로 창의성 향상 발명 프로그램을 실시한 실험집단 1의 낮은 지능 집단은 실험집단2의 낮은 지능 집단에 비해 창의성에서만 유의미한 향상 효과가 있는 것으로 검증되었다.

[가설 1-2] 창의성의 높고 낮은 수준에 따른 하위 집단별로도 창의성 향상 발명 프로그램을 실시한 실험집단1의 하위집단은 실험집단2의 하위집단에 비해 향상 효과가 있을 것이다.

3) 높은 창의성 집단

실험집단1은 실험집단2내 높은 창의성 집단의 창의성 검사의 평균과 표준편차에 대한 t검증 분석 결과를 나타낸 것이다.

〈표 Ⅳ-5〉 높은 창의성 집단의 요인별 점수 비교와 평균치에 대한 검증

사고 기능	검 사	실험집단1(N=20)		실험집단2(N=20)		t
		M	SD	M	SD	
지각적 개방성	전	18.10	6.70	18.65	5.86	-.276
	후	26.80	7.33	20.50	7.5	2.686*
유창성	전	40.45	7.60	39.40	7.35	.444
	후	47.30	7.43	39.50	7.15	3.380**
융통성	전	50.25	6.10	50.35	5.32	-.055
	후	60.25	4.46	51.45	6.06	5.147***
독창성	전	16.90	6.20	18.60	5.22	-1.078
	후	26.70	5.18	20.20	5.15	3.976***
창의성	전	125.70	4.80	127.00	5.66	-.783
	후	161.05	13.79	131.65	7.92	8.262***

* p<.05   ** p<.01   *** p<.001

높은 창의성 집단에 있어서 두 집단간의 요인별 점수 비교와 평균치에 대한 검증을 살펴보면 사후의 경우 개방성에 있어서 실험집단1이 실험집단2보다 높게 나타났으며 유의수준 p<.05 수준에서 유의한 차이를 보임을 알 수 있다. 유창성과 융통성의 경우 사후검사에서 실험집단1이 실험집단2 보다 높게 나타났음을 알 수 있으며 유의수준 p<.01수준에서 유의한 차이를 보임을 알 수 있다. 융통성과 창의성에 있어서도 실험집단1이 실험집단2 보다 높게 나타났으며 유의수준 p<.001 수준에서 매우 유의한 차이를 보임을 알 수 있다.

그러므로 창의성 향상 발명 프로그램을 실시한 실험집단1의 높은 창의

성 집단은 실험집단2의 높은 창의성 집단에 비해 지각적 개방성, 유창성, 융통성, 독창성의 모든 요인에서 향상 효과가 있는 것으로 검증되었다.

4) 낮은 창의성 집단

실험집단1은 실험집단2내 낮은 창의성 집단의 창의성검사의 평균과 표준편차에 대한 t검증 분석 결과를 나타낸 것이다.

〈표 Ⅳ-6〉 낮은 창의성 집단의 요인별 점수 비교와 평균치에 대한 검증

사고 기능	검 사	실험집단1(N=20)		실험집단2(N=20)		t
		M	SD	M	SD	
지각적 개방성	전	11.28	4.39	12.00	4.76	-.541
	후	16.00	5.32	12.80	4.21	2.109*
유창성	전	30.10	5.91	29.45	5.33	.423
	후	32.30	6.92	29.90	4.8	1.270
융통성	전	30.65	10.46	31.90	6.62	-.714
	후	33.35	5.20	32.30	6.16	.582
독창성	전	13.00	4.99	13.95	3.33	-.954
	후	14.84	3.83	15.25	3.20	-.361
창의성	전	85.05	20.25	87.30	10.57	-.860
	후	96.05	13.48	90.25	7.21	1.696

* p<.05

낮은 창의성 집단에 있어서 두 집단간의 요인별 점수 비교와 평균치에 대한 검증을 살펴보면 사후의 경우 유의수준 p<.05 수준에서 유의한 차이를 보이지 않았다. 그러므로 창의성 향상 발명 프로그램을 실시한 실험집단1의 낮은 창의성 집단은 실험집단2의 낮은 창의성 집단과 비교하여 유의미한 향상 효과가 없는 것으로 검증되었다.

2. [가설 2]의 검증

가. [가설 2] 창의성 향상 발명 프로그램을 실시한 실험집단1 내
   에서도 지능과 창의성의 높고 낮은 수준별 하위 집단간의 향
   상 효과에 차이가 있을 것이다.

이 가설은 창의성 향상 발명 프로그램을 실시하는 경우에 지능과 창의
성의 수준에 따라 향상 효과에 차이가 있는지를 검증하고자 하는 것이다.

〈가설 2-1〉 창의성 향상 발명 프로그램을 실시한 실험집단1에서 지능
   의 높고 낮은 집단간의 향상 효과에 차이가 있을 것이다.

1) 실험집단1에서 지능별, 요인별 차이 검증

실험집단1은 실험집단2의 높고 낮은 지능 집단의 창의성 검사의 평균
과 표준편차에 대한 t검증 분석 결과를 나타낸 것이다.

〈표 Ⅳ-7〉 실험집단1에서 지능별, 요인별 차이 검증

사고기능	검사	높은 지능 집단(N=20)		낮은 지능 집단(N=20)		t
		M	SD	M	SD	
지각적 개방성	전	18.70	5.49	11.05	3.08	5.160***
	후	25.05	7.40	15.15	4.39	5.144***
유창성	전	38.50	6.39	31.40	4.69	3.996***
	후	43.70	9.05	33.90	5.91	4.055***
융통성	전	49.05	5.18	34.75	8.40	6.508***
	후	57.55	6.48	38.70	10.46	6.848***
독창성	전	16.55	4.55	14.00	3.43	1.982
	후	24.40	6.20	17.15	4.99	3.682***
창의성	전	122.80	8.38	98.20	8.38	9.813***
	후	150.70	22.20	104.90	20.25	6.814***

*** p<.001

실험집단1에서 지능별, 요인별 차이 검증을 살펴보면 사후의 경우 높은 지능 집단의 경우 개방성(M=25.05, SD=7.40) 유창성(M=43.7, SD=9.05), 융통성(M=57.55, SD=6.48), 독창성(M=24.4, SD=6.20), 창의성(M=150.7, SD=22.20)로 나타나 높은 지능 집단이 낮은 지능 집단보다 높게 나타났으며 유의수준 p<.001 수준에서 매우 유의한 차이를 보임을 알 수 있다.

그러므로 창의성 향상 발명 프로그램을 실시한 실험집단1 내에서 낮은 지능 집단보다 높은 지능 집단에게 지각적 개방성, 융통성, 독창성에서 더 유의미하게 높은 창의성 점수의 향상이 있는 것으로 검증되었으므로 창의성 향상 발명 프로그램을 실시한 실험집단1에서 지능의 높고, 낮은 집단 간의 향상 효과에 차이가 있을 것이라는 〈가설 2-1〉은 수용되었다.

〈그림 IV-3〉 실험집단1에서 지능별, 요인별 차이 그래프

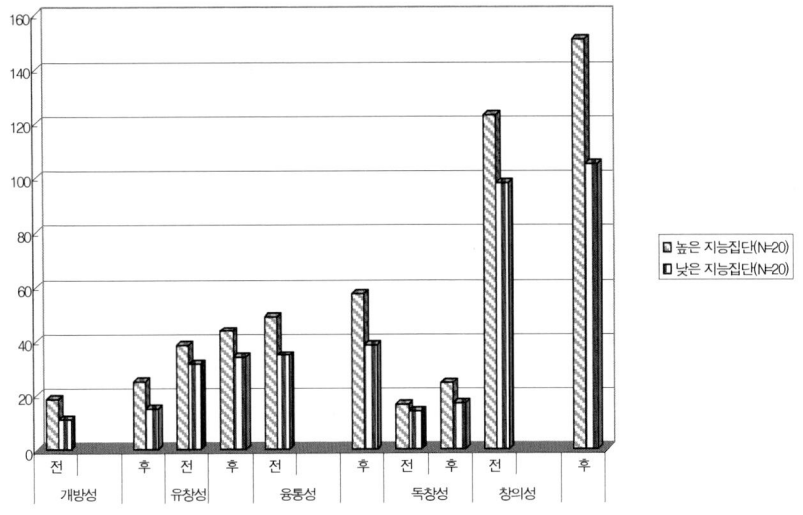

〈가설 2-2〉 창의성 향상 발명 프로그램을 실시한 실험집단1에서 창의
성의 높고 낮은 수준 집단간의 향상 효과에 차이가 있을
것이다.

2) 실험집단1에서 창의성별, 요인별 차이 검증

실험집단1의 높고 낮은 창의성 집단의 창의성 검사 평균과 표준편차
에 대한 t검증 분석 결과를 나타낸 것이다.

〈표 Ⅳ-8〉 실험집단1에서 창의성별, 요인별 차이 검증

사고기능	검 사	높은 지능 집단(N=20)		낮은 지능 집단(N=20)		t
		M	SD	M	SD	
지각적 개방성	전	18.10	6.70	11.28	3.78	3.950[***]
	후	26.80	7.33	15.87	5.32	5.332[***]
유창성	전	40.45	7.60	30.59	5.03	5.075[***]
	후	47.30	7.43	32.85	6.92	6.604[***]
융통성	전	50.25	6.10	30.75	4.89	11.207[***]
	후	60.25	4.65	33.61	5.20	17.229[***]
독창성	전	16.90	4.73	12.75	3.14	3.069[**]
	후	26.70	5.18	14.63	3.83	8.229[***]
창의성	전	125.70	4.80	85.38	8.72	18.251[***]
	후	161.05	13.79	96.97	13.48	15.067[***]

** p<.01   *** p<.001

　실험집단1에서 창의성별, 요인별 차이 검증을 살펴보면, 사후의 경우 높은 창의성 집단이 낮은 창의성 집단보다 개방성, 유창성, 융통성, 독창성, 창의성이 높게 나타났다(p<.001). 그러므로 창의성 향상 발명 프로그램을 실시한 실험집단1 내에서 높고 낮은 창의성 집단 간의 향상 효과에 차이가 있을 것이라는 〈가설 2-2〉는 지각적 개방성(t=5.332, p=.001), 유창성(t=6.604, p=.001), 융통성(t=17.229, p=.001), 독창성(t=8.229, p=.001), 창의성(t=15.067, p=.001) 의 모든 면에서 차이가 있는 것으로 나타났다.
　지금까지의 결과를 요약해 보면 〈표 Ⅳ-9〉와 같다. 즉, [가설 2]의 검증 결과 지능의 높고 낮은 집단간에는 지각적 개방성, 유창성, 융통성, 독창성 요인에서 차이가 있었고, 창의성의 높고 낮은 집단간에서도 지각적 개방성, 유창성, 융통성, 독창성의 모든 요인에서 향상 효과가 있는 것으로 검증되었으므로 [가설 2]가 수용되었다.

〈표 Ⅳ-9〉 실험집단1의 요인별 향상 효과 차이

집단/요인	지각적개방성	유창성	융통성	독창성
지능 수준	◎	◎	◎	◎
창의성 수준	◎	◎	◎	◎

◎ 두 집단간의 향상 효과에 차이가 있는 것으로 검증된 요인

3. 발명 프로그램의 중다 회귀분석

[가설 1]의 검증 결과에서 창의성 향상 발명 프로그램의 효과가 전체적 또는 하위 집단별로 검증되었으나, 이 결과가 발명 프로그램을 실시했기 때문인지 실험 대상에게 내재되어 있던 창의성 때문인지를 설명하기 위해서 중다 회귀분석을 실시하였다. 이러한 특성들은 창의성 향상에 어느 정도 기여하며 가장 주된 영향을 준 변인은 무엇인지를 알아보았다.

가. 발명 프로그램의 중다 회귀분석

창의성 향상 발명 프로그램의 실시 여부, 지능의 높고 낮은 수준, 창의성의 높고 낮은 수준 등 세 가지를 독립 변인으로 하고, 창의성 사후 평균에서 사전 평균을 뺀 각 요인별 획득 점수들의 합을 종속 변인으로 하여 중다 회귀분석을 실시하였다.

〈표 Ⅳ-10〉 발명 프로그램의 중다 회귀분석(N=152)

종속변인	독립변인	R	R^2	R^2 변화	β	F
창의성★	창의성 수준	.335	.112	.420	2.610	3.624*
	지능 수준	.278	.007	.230	2.266	2.214*
	발명 프로그램	.558	.311	.102	4.353	4.321**

* p<.05   ** p<.01

독립변인과 종속변인의 중다 회귀분석을 실시한 결과를 살펴보면 발명 프로그램의 경우 회귀계수 값이 4.353(F=4.321, p<.01)로 가장 높게 나타났으며, 창의성 수준 회귀계수 2.610(F=3.624, p<.05), 지능 수준 회귀계수 2.266(F=2.214, p<.05)로 나타나 발명 프로그램이 가장 크게 영향을 미치고, 창의성, 지능수준 순으로 영향을 미친다는 것을 알 수 있다.

또한 R^2에서도 창의성과 발명 프로그램은 .311로 창의성과 창의성 수준 .112, 창의성과 지능 수준 .007보다 훨씬 높게 나타나 발명 프로그램이 초등학생의 창의성 향상에 많은 영향을 미치고 있음을 알 수 있다.

나. 변인들간의 상관관계 분석 결과

본 연구는 발명동아리 운영을 통한 발명 프로그램의 적용으로 학생들의 발명 의욕과 창의성을 향상시키는 효과를 검증하는데 있었다. 이러한 목적을 달성하기 위해서는 학교 현장의 창의성 교육이 발명 교육을 중요시하는 태도와 분위기를 조성하여 생활화해야 하므로 발명 프로그램의 활용이 매우 큰 영향을 미친다. 즉 학교 현장에서의 발명에 대한 관심도가 높으면 학생의 창의성도 높아지고 있음을 알 수 있다.

<표 Ⅳ-11> 변인들 간의 상관관계 분석표

변 인	개방성	유창성	융통성	독창성	창의성
개방성	1.000				
유창성	.372**	1.000			
융통성	.477**	.502**	1.000		
독창성	.536**	.373**	.518**	1.000	
창의성	.734**	.733**	.861**	.745**	1.000

** 상관계수는 0.01 수준(양쪽)에서 유의합니다.

융통성과 창의성의 상관계수 r=.861로 가장 높은 상관관계를 보였으며, 독창성 r=.745, 개방성 r=.734, 유창성 r=.733순으로 상관관계가 높게 나타났다. 이러한 결과는 학생의 창의성이 높을수록 융통성, 독창성, 개방성, 유창성이 높게 나타났음을 알 수 있다.

B. 지도교사가 지각한 창의성 교육과 학생의 변화

1. 발명동아리 학생들의 변화

가. 발명동아리 흥미도 변화

창의성 발휘를 위해 내적 동기유발이 중요한데 내적 동기가 큰 학생은 발명활동을 즐기고, 흥미와 관심을 충족시키기 위하여 적극적이며 내적 동기가 어느 정도 유발되어 있을 경우 외적 동기 유발은 창의적 산물(발명품) 생산에 도움이 되었다.

〈표 Ⅳ-12〉 발명동아리 흥미도 전·후 변화

실험집단1	연구시기	인 원	평균(%)	표준편차	평균비교(%)
B초등학교	연구전	38	1.56(57.31)	.39	+1.16(+35.15)
	연구후	38	2.72(92.46)	.21	
	t(p)		3.41**(.003)		
W초등학교	연구전	38	1.67(60.39)	.41	+1.11(+32.86)
	연구후	38	2.78(93.25)	.24	
	t(p)		3.65**(.002)		

**p<.01
* 흥미도 수준은 상(3점), 중(2점), 하(1점)로 배점을 하였다.

〈표 Ⅳ-12〉에서 보는 바와 같이 발명동아리 흥미도 변화를 비교해 보면 두 학교 평균 연구 전 58.85%에서 92.86%로 +34.01이 크게 상승하였다. 그러므로 실험집단1은 연구 전보다 발명에 대한 관심과 흥미가 향상되었음을 알 수 있다(p<.01).

나. 발명 교육을 받을 때 학습 태도

프로그램을 활용하는 태도에 있어서 문제해결 의욕과 방법 절차 등을 자극하고 격려하는 학습을 권장하는 것이 곧 능동적인 창의성을 유발하는 지름길이 된다.

<표 Ⅳ-13> 발명 교육을 받을 때 학습 태도　　　명(%)

실험집단1	흥미가 있어 열심히 참여함	부분적으로만 재미가 있음	싫었다가 좋아짐	내용이 어려워 재미없음	계
B초등학교	23(60.52)	10(26.31)	5(13.15)	0(0)	38
W초등학교	28(73.68)	5(13.15)	4(10.52)	1(0.26)	38
계	51(67.11)	15(19.73)	9(11.84)	1(0.28)	76

$$x^2(p) = 4.23^*(.03)$$

* $p < .05$

〈표 Ⅳ-13〉에서 보는 바와 같이 발명 프로그램이 창의성 향상을 위해 자극 및 격려가 되어 흥미롭게 열심히 참여 한다가 67.11%로 나타났음을 알 수 있다. 학교별로 살펴보면 W초등학교의 경우 흥미가 있어 열심히 참여한다고 응답한 경우가 73.68%, B초등학교 60.52%로 W초등학교의 경우가 높게 나타났으며, 부분적으로만 재미가 있다고 응답한 경우는 B초등학교가 많은 응답을 보여, 학교별 차이가 있음을 알 수 있다(p<.05).

다. 창의성 교육 프로그램에 대한 견해

발산적 사고는 Guilford가 처음으로 제안한 것으로 발산적 사고가 창의력과 관련되어 있다는 생각은 설득력이 있다. 발산적 사고는 창의력의 일부분으로 과제 의존성을 갖는다. 따라서 학생들의 높은 창의력을 원하거나, 창의적 사고 기술의 향상에 관심이 있다면 발명 프로그램에 따른 기본지식 및 원리를 배우는 훈련이 집중적이고 체계적으로 이루어져야 한다.

〈표 Ⅳ-14〉 창의성 교육 프로그램에 대한 견해　　　명(%)

실험집단1	많은 생각을 하게 한다	어려워 이해가 안 된다	흥미롭고 재미있다	다른 공부에 도움이 된다	계
B초등학교	13(34.21)	0(0)	19(50.00)	6(15.78)	38
J초등학교	16(42.10)	0(0)	14(36.84)	8(21.05)	38
계	29(38.15)	0(0)	33(43.42)	14(18.42)	76

$$x^2(p) = 2.23(.51)$$

〈표 Ⅳ-14〉에서 보는 바와 같이 흥미롭고 재미있다가 43.42%, 많은 생
각을 하게 한다가 38.15%로 81.57%가 창의성교육 프로그램에 대하여 긍
정적으로 받아들이며 참여하고 있음을 알 수 있다. 학교별 차이는 유의
수준 p<.05 수준에서 유의적인 차이를 보이지 않았다.

라. 발명 교육의 좋은 점에 대한 견해

Torrance는 내적 동기는 창의력의 주요 전제 조건이며, 창의적이냐
아니냐는 사람들의 순수인지 측면에서는 차이가 없으나, 동기에 따라
과제 수행에 필요한 지식과 기능 습득 정도와 범위에 큰 차이를 보인
다고 했다.

제7차 교육과정에서는 수준별 교육과정을 채택하고 있어 개인별 능력
차를 인정하고 개별화 교육을 중시하는 맞춤형 교육과정 편성을 권장하
고 있다.

〈표 Ⅳ-15〉 발명 교육의 좋은 점에 대한 견해　　　명(%)

실험집단1	재미있고 분위기가 좋다	많은 의욕이 생긴다	칭찬을 받아서 좋다	발명품을 만들어 좋다	계
B초등학교	19(50.00)	8(21.05)	5(13.15)	6(15.78)	38
W초등학교	23(60.52)	5(13.15)	7(18.42)	3(7.89)	38
계	42(55.26)	13(17.10)	12(15.78)	9(11.84)	76

$$x^2(p) = 3.98^*(.042)$$

* $p < .05$

〈표 Ⅳ-15〉에서 보는 바와 같이 재미있고 분위기가 좋다(55.26%), 많은 의욕이 생긴다(17.10%), 칭찬을 받아서 좋다(15.78%), 발명품을 만들어 좋다(11.84%) 등 발명 교육의 좋은 점을 긍정적으로 체험하고 있다. 학교별 차이를 살펴보면 재미있고 분위기가 좋다라고 응답한 경우 W초등학교 60.5%, B초등학교 50.0%, 많은 의욕이 생긴다 B초등학교 21%, W초등학교 13.1%로 차이를 보임을 알 수 있다(p<.05)

2. 창의성 교육 지도교사의 의견

가. 창의성 교육 지도교사가 갖추어야 할 능력

지도교사는 조직의 리더로서 학생들이 자율적으로 활기차게 활동할 수 있는 분위기를 조성하며 창의성을 계발할 수 있는 여러 프로그램을 제공해야 한다. 학생들이 반복 훈련을 통해 창의적으로 생각하는 습관을 갖고 문제해결 과정에서 끈기와 인내심을 기르며 동아리 활동 과정에서 협동심과 민주 정신을 배양하는 것을 도와주는 것이 지도교사의 역할이라고 볼 때, 창의성교육을 담당하고 있는 지도교사가 갖추어야 할 능력을 인지적인 면과 정의적인 면으로 살펴보았다.

<표 Ⅳ-16> 창의성교육 지도교사가 갖추어야 할 능력   명(%)

경력/구분	감화력이 있는 교사	지도력이 있는 교사	아이디어가 있는 교사	촉진력이 있는 교사	계
20년 이상	6(15.78)	4(10.52)	22(57.89)	6(15.78)	38
10년 이하	7(18.42)	11(28.94)	14(37.60)	6(15.78)	38
계	13(17.10)	15(19.73)	36(47.36)	12(15.78)	76

$$x^2(p) = 4.80^*(.003)$$

* $p<.05$

발명동아리를 지도하는 교사가 갖추어야 할 가장 중요한 능력으로 아이디어가 있는 교사로 창의성을 기반으로 한 기발한 아이디어를 가장 중요한 요소로 여겼으며, 지도력과 촉진력을 그 다음으로 생각했다.

그러나 교육경력 10년 이하 교사들은 촉진력이 있는 교사보다는 청소년들의 예민한 감정을 이해하고 포용할 수 있는 공감적인 교사를 더 중요한 요소로 생각했다. 반면에 20년 이상인 경우 아이디어가 있는 교사라고 응답한 경우가 57.89%로 높게 응답하였을 알 수 있다($p<.01$).

나. 창의성 향상 발명 프로그램에 대한 교사의 의견

2001년 8월 부천 교육청에서 창의성 연수를 받고 있었던 120명(초등 80명, 중등 40명)중 무선표집된 80명의 창의성 향상 발명 프로그램에 대한 의견은 <표 Ⅳ-17>와 같다.

〈표 Ⅳ-17〉 창의성 향상 발명 프로그램에 대한 교사의 의견 명(%)

경력/구분	흥미가 있음	추상적임	신선함	기존자료임	계
20년 이상	20(52.63)	1(2.63)	13(34.21)	4(10.52)	38
10년 이하	22(57.89)	3(7.89)	12(31.57)	1(2.63)	38
계	42(55.26)	4(5.26)	25(32.89)	5(6.57)	76

$$x^2(p) = 1.13^*(.51)$$

창의성 향상 발명 프로그램에 대해서는 크게 저항감 없이 흥미가 있으며 신선한 아이디어이고 발명동아리에게만 적용할 것이 아니라 일반 교과 수업의 도입 부분이나 쉬운 것은 보충 과정, 어려운 것은 심화 과정으로 수준별로 적용하고 싶어하는 교사가 상당수 있었다.

창의성 프로그램을 개발할 때에는 이론적 배경을 토대로 전문가의 조언과 지도교사의 현장 경험을 살리되 기존 자료에 대한 검토와 분석 등 장단점을 잘 보충해서 우수한 자료를 제작하는 것이 바람직하다는 반응을 나타내고 있다. 경력별로는 통계적으로 유의적인 차이를 보이지 않음을 알 수 있다.

다. 창의성 교육에 대한 전망

창의성 교육이 효율적으로 이루어지기 위해서는 바람직한 교육 프로그램의 개발 및 운영에 관한 연구와 지도교사의 양성 등 여러 측면에서 연구가 적극적으로 추진되어야 한다. 외국에서는 이들 측면에서 활발한 연구가 이루어지고 발표되고 있으나 한국에서는 최근에 와서야 관심이 일고 있으며 입시교육에 밀려 아직도 일선 학교에서는 확산의 기회가 적어 보인다.

창의성 연수를 받으면서 앞으로 창의성 교육에 대한 전망을 조사한 결과 〈표 Ⅳ-18〉와 같이 나타났다.

〈표 Ⅳ-18〉 창의성 교육에 대한 전망

명(%)

경력/구분	활성화 될 것이다	새교육방안이 대두될 것이다	점점 쇠퇴할 것이다	없어질 것이다	계
20년 이상	34(89.47)	3(7.89)	1(2.63)	0(0)	38
10년 이하	27(71.05)	8(21.05)	1(2.63)	2(5.26)	38
계	61(80.26)	11(14.47)	2(2.63)	2(2.63)	76

$$x^2(p) = 4.52^*(.032)$$

* $p<.05$

창의성이 가장 왕성한 시기가 초등학교 시절이라는 것에 대한 많은 학자들의 견해가 일치하므로 창의성 교육의 문제점을 분석하여 새로운 방향에서 모색할 필요가 있다. 경력별로 살펴보면 20년 이상의 경우 7.89%가 새교육 방안이 대두될 것이다라고 응답한 반면, 10년 이하의 경우 21.05%가 응답하여 인식의 차이를 보임을 알 수 있다($p<.05$).

라. 창의성 교육이 이루어지는 정도

학교에서의 창의성 교육은 별도의 정규 프로그램을 운영하지 않고 각 교과 내용에 적합한 방법을 찾아 교사 각자가 담당하고 있는 추세로서 과연 자신이 행하고 있는 교수·학습법이 학생들의 창의적 사고력 발달에 효과적인가 하는 문제는 지금까지 연구되고 있다.

학교에서 창의성 교육이 이루어지고 있는 정도를 분석한 결과를 표로 나타내면 다음과 같다.

<표 Ⅳ-19> 창의성 교육 지도교사가 갖추어야 할 능력　　명(%)

경력/구분	관계기관에서 권장하는 대로 추진되고 있다	교사의 능력과 관심에 따라 약간	관심은 있으나 업무로 인한 시간 부족	연수 기회가 없고 관심도 없다	계
20년 이상	5(13.15)	3(7.89)	15(39.47)	15(39.47)	38
10년 이하	2(5.26)	8(21.05)	18(47.36)	10(26.31)	38
계	7(9.21)	11(14.47)	33(43.42)	25(32.89)	76

$$x^2(p) = 3.97^*(.02)$$

* $p < .05$

영재교육진흥법에 따라 창의성에 관한 교육이 상당히 강화되고는 있으나 지속적인 관심의 부족(32.89%)으로 상당히 침체되고 있는 실정이다. 교사의 관심에 따라 부분적으로 이루어지고 있는 실정이며 그나마 창의성 학습지 사용이 전부인 경우도 많다. 이것은 창의성 교육이라기보다는 제7차 교육과정의 수준별 보충 심화 학습에 불과하다. 국가 정책에 호응하며 계획적으로 추진하고 있는 교사는 9.21%로 빈약한 상태를 보이고 있다.

경력별로 창의성 교육 지도교사가 갖추어야 할 능력을 살펴보면 10년 이하인 경우 21.05%가 교사의 능력과 관심에 따라 약간이라고 응답한 반면, 20년 이상의 경우에는 7.89%가 응답하였다. 또한 관심은 있으나 업무로 인한 시간 부족의 경우 10년 이하의 경우 47.36% 응답한 반면, 20년 이상의 경우 39.47%로 인식의 차이가 있음을 알 수 있다(p<.05).

마. 창의성 교육의 추진력이 약한 이유

지식 위주나 입시 경쟁을 위한 전통적인 교육 방법으로는 국제 경쟁력에 부응하는 사회로 만들어 나가기가 어렵다고 볼 때 아직 고정 관념이 적은 초등학교 때부터 창의성을 높여 새로운 것을 창출해 내는 능력과 태도를 길러야 함에도 불구하고, 창의성 교육이 관련 교육기관에서 권장하는 방향으로 운영되지 못하고 있는 이유는 다음과 같다.

<표 Ⅳ-20> 창의성 교육의 추진력이 약한 이유   명(%)

경력/구분	교육기관의 지원부족	담당교사의 무관심	창의성에 대한 인식부족	프로그램의 부족	계
20년 이상	10(26.31)	8(21.05)	4(10.52)	16(42.10)	38
10년 이하	5(13.15)	9(23.68)	13(34.21)	11(28.94)	38
계	15(19.73)	17(22.36)	17(22.36)	27(35.52)	76

$$x^2(p) = 4.05^*(.031)$$

* $p < .05$

창의성 교육이 학교 현장에서 잘 이루어지지 않는 이유를 경력이 20년 이상인 교사는 프로그램의 부족(42.10%)을, 10년 이하의 교사는 창의성에 대한 인식 부족(34.21%)을 들고 있다. 이는 창의성교육에 대한 관심의 부족이라고 할 수 있다. 창의성 향상을 위한 환경이 열악하고 지원이 부족하더라도 관심과 열의 및 의지만 있다면 점진적으로 개선 될 것이다.

창의성 교육이라는 새로운 시도가 성공적이기 위해서는 청소년의 특기와 적성에 적합한 질 높은 프로그램이 지속적으로 개발되고 보완되어져야 할 것이다. 경력별로 차이를 살펴보면 10년 이하의 경우 창의성에 대한 인식부족이라고 응답한 경우가 34.21%로 높게 나타난 반면, 20년 이상의 경우에는 10.52%로 상대적으로 낮게 인식하고 있어 차이를 보임을 알 수 있다. 또한 경력이 20년 이상의 경우 프로그램의 부족이라고 응답한 경우가 42.10%인 반면, 10년 이하의 경우 28.94%로 차이가 있음을 알 수 있다($p < .05$)

바. 창의성 교육을 담당할 교사 양성 제도

창의성 교육을 담당하는 교사를 보면, 미국은 영재 담당 전문교사와 순회교사, 이스라엘은 해당 분야의 박사, 전문가, 연구원 등의 영재 전문교사, 러시아는 모스크바 대학 겸임교수가 대부분이며, 호주는 영재담당 전문교사, 학부모, 지역인사가 담당하나 지속적인 일반 교사연수 실시하고 있으며, 프랑스와 영국은 일반교사와 영재반 전문교사, 대만의 경우 일반 과목은 일반교사가 창의성 등 특정분야는 전문교사가 담당하고 있다.

창의성 교육의 핵심이 되는 지도교사의 자질 향상을 위한 교사 양성 제도에 관한 반응은 다음과 같다.

<표 Ⅳ-21> 창의성 교육을 담당할 교사 양성 제도   명(%)

경력/구분	전문교사	순회교사	특기적성교사	담임교사	계
20년 이상	10(26.31)	10(26.31)	4(10.52)	14(36.84)	38
10년 이하	5(13.15)	9(23.68)	15(39.47)	9(23.68)	38
계	15(19.73)	19(25.00)	19(25.00)	23(30.26)	76

$$x^2(p) = 3.75^*(.042)$$

* $p < .05$

창의성 교육을 담당할 교사 양성 제도에서는 창의성 교육을 전공한 석사 학위 이상 소지자에게 120시간의 연수를 거쳐 자격증을 수여하고 창의성 교육을 담당케 하자는 의견이 19.73%를 차지하고 있다. 한국교육개발원 등 공인된 창의성 전문 기관에서 240시간을 교육 받은 후 창의성 교사 자격증을 수여하고 창의성 교육을 담당케 하자는 의견은 25%였으며, 자격을 갖춘 특기 적성 교사에게 창의성 교육을 맡기자는 의견 역시 25%를 나타내고 있다. 창의성 교육은 교과와 관련이 있으며 수시로 지도를 해야 하기 때문에 담임이 지도해야 한다는 의견이 30.26%로 가장 많은 관심을 보이고 있다(p⟨.05).

사. 창의성 교육 지도교사를 위한 연수 방법

학습 활동 안에서 학생의 창의성을 계발하고 신장시켜 나가기 위한 교사의 준비와 역할은 매우 중요하다. 교사가 발명동아리 활동을 진행하면서 학생의 창의적 성취동기를 자극하고 보상하기 위해서는 연수 활동을 강화해야 할 것이다. 창의성 교육 지도교사를 위한 연수에 대한 의견을 보면 다음과 같다.

〈표 Ⅳ-22〉 창의성 교육 지도교사를 위한 연수 방법   명(%)

경력/구분	창의성 일반연수	창의성교사 자격코스	창의성 세미나 참여	창의성 연구회 활동	계
20년 이상	15(39.47)	19(50.00)	2(5.26)	2(5.26)	38
10년 이하	10(26.31)	17(44.73)	3(7.89)	8(21.05)	38
계	25(32.89)	36(47.36)	5(6.57)	10(13.15)	76

$$x^2(p) = 1.34^*(.73)$$

〈표 Ⅳ-22〉에서 보는 바와 같이 창의성 교육 지도교사를 위한 연수 방법을 창의성 일반연수(32.89%), 창의성교사 자격코스(47.36%), 창의성 세미나 참여(6.57%), 창의성 연구회 활동(13.15%) 등으로 나타내고 있다. 경력별로는 유의미한 차이를 보이지 않았다.

V. 요약, 결론 및 제언

A. 요 약

본 연구는 수준별 특성에 따라 창의성 향상이 어느 집단에게 가장 효과적인지를 검증하는데 중점을 두었으며 창의성 향상을 위해 활용될 수 있는 프로그램을 제작하고, 발명 프로그램이 창의성을 향상시키기에 효과적임을 연구하였다.

창의성 향상 발명 프로그램의 적용이 초등학생의 지능과 창의성의 높고, 낮은 수준별 특성에 따른 집단별로 효과에 차이가 있는지를 검증하였다. 이는 가장 효과적인 집단을 확인하여 창의성 발명 프로그램 적용에 효율성의 수단과 방법을 꾀할 수 있게 한다는 점에서 의의가 있었고, 학교 현장의 창의성 현황과 청소년 발명동아리 운영을 위한 발명 프로그램 내용은 무엇이며, 실험 비교 적용 후 효과 분석과 향후 발전 방향에 관해 연구하였다.

연구 방법으로는 청소년 발명동아리 운영을 통한 창의성 향상 발명 프로그램의 효과를 실험적 비교방법, 문헌연구, 발명 프로그램 제작에 의해 수행되었다.

이러한 연구 목적을 달성하기 위하여 부천시 원미구에 위치한 B, W 초등학교이며, 학교장과 담임교사의 동의를 얻어 선정된 4개 학급(N=152)을 실험 대상으로 삼았고, 기간은 2002년 3월부터 2003년 2월까지 1년 동안 발명동아리를 운영하였다.

본 연구를 통해 확인된 연구의 결과는 다음과 같다.

1. [가설 1]의 검증에서 연구의 실행 전에는 유창성과 융통성은 실험집단1이 실험집단2보다 약간 높으나 지각적 개방성, 독창성은 실험집단1이 실험집단2에 비해 약간 낮은 경향을 보이고 있었다.

창의성의 요인별 분석에서 보면 유창성, 융통성의 점수는 비슷한 분포를 보이지만 지각적 개방성과 독창성은 두 집단 모두 낮은 점수를 보이고 있었다. 연구 전 집단간에 창의력의 요인별 차이가 아주 근소하며 집단간 평균차이 검증을 한 결과도 유의수준 5% 수준에서 통계적으로 집단간 창의성의 유의한 차이는 없는 것으로 나타났다.

실험집단1, 실험집단2의 창의성 사고기능별 사전검사 점수는 통계적으로 의의 있는 차이를 나타내지 않았다. 즉 실험 적용 이전의 두 집단의 창의성은 비슷한 수준이어서 동질집단으로 간주할 수 있었다.

2. 창의성 사후검사의 창의적 사고기능별 차이에서 창의성 사후검사를 창의적 사고기능별로 살펴보면 실험집단1에서 지각적 개방성 20.00점, 유창성 39.37점, 융통성 43.38점, 독창성 21.20점, 창의성 128.95점으로 전체적으로 실험집단1의 경우 실험집단2(112.37)보다 높은 점수를 보였음을 알 수 있었으며, 창의성 향상 발명 프로그램을 실시한 실험집단1은 실험집단2에 비해 지각적 개방성, 유창성, 융통성, 독창성의 모든 요인에서 향상 효과가 있었다. 창의성 향상 발명 프로그램을 실시한 실험집단1은 실험집단2에 비해 향상 효과가 있을 것이라는 [가설 1]이 긍정되었다.

3. 높은 지능 집단의 경우 두 집단간의 요인별 점수 비교와 평균치에 대한 검증을 살펴보면 사후검사에서 유창성의 경우 실험집단1이 실험집단2보다 높게 나타났으며(p<.05), 융통성, 창의성의 경우 사후검사에 있어서도 실험집단1이 실험집단2보다 높게 나타났음을 알 수 있었다(p<.001). 하지만 개방성, 독창성의 경우에는 유의한 차이를 보이지 않았다.

창의성 향상 발명 프로그램을 실시한 실험집단1의 높은 지능 집단은 실험집단2에 비해 유창성, 융통성, 창의성 향상 효과가 있는 것으로 검증되었다.

4. 낮은 지능 집단에 있어서 두 집단간의 요인별 점수 비교와 평균치에 대한 검증을 살펴보면 사후의 경우 창의성이 실험집단1이 실험집단2보다 높게 나타났다(p<.05). 하지만 나머지 요인에 있어서는 유의한 차이를 보이지 않았다.

창의성 향상 발명 프로그램을 실시한 실험집단 1의 낮은 지능 집단은 실험집단2의 낮은 지능 집단에 비해 창의성에서만 유의미한 향상 효과가 있는 것으로 검증되었다.

5. 높은 창의성 집단의 경우 두 집단간의 요인별 점수 비교와 평균치에 대한 검증을 살펴보면 사후검사에서 개방성은 실험집단1이 실험집단2보다 높게 나타났으며(p<.05), 유창성과 융통성의 경우 사후검사에서 실험집단1이 실험집단2보다 높게 나타났음을 알 수 있었다(p<.01). 융통성과 창의성에 있어서도 실험집단1이 실험집단2보다 높게 나타났다(p<.001).

창의성 향상 발명 프로그램을 실시한 실험집단1의 높은 창의성 집단은 실험집단2의 높은 창의성 집단에 비해 지각적 개방성, 유창성, 융통성, 독창성의 모든 요인에서 향상 효과가 있는 것으로 검증되었다.

6. 낮은 창의성 집단에 있어서 두 집단간의 요인별 점수 비교와 평균치에 대한 검증을 살펴보면 사후검사의 경우 유의수준 p<.05 수준에서 유의한 차이를 보이지 않았다. 창의성 향상 발명 프로그램을 실시한 실험집단1의 낮은 창의성 집단은 실험집단2의 낮은 창의성 집단과 비교하여 유의미한 향상 효과가 없는 것으로 검증되었다.

7. 실험집단1의 경우 지능별, 요인별 차이 검증을 살펴보면 사후검사에서 개방성, 유창성, 융통성, 독창성, 창의성의 경우 높은 지능 집단이 낮은 지능 집단보다 높게 나타났다(p<.001), 창의성 향상 발명 프로그램을 실시한 실험집단1 내에서 낮은 지능 집단보다 높은 지능 집단에게 지각적 개방성, 융통성, 독창성에서 더 유의미하게 높은 창의성 점수의 향상이 있는 것으로 검증되었으므로 창의성 향상 발명 프로그램을 실시한 실험집단1에서 지능의 높고 낮은 집단 간의 향상 효과에 차이가 있을 것이라는 [가설2-1]은 긍정되었다.

8. 실험집단1의 경우 창의성별, 요인별 차이 검증을 살펴보면 사후검사에서 개방성, 유창성, 융통성, 독창성, 창의성의 경우 높은 창의성 집단이 낮은 창의성 집단보다 높게 나타났다(p<.001). 창의성 향상 발명 프로그램을 실시한 실험집단1 내에서 높고 낮은 창의성 집단 간의 향상 효과에 차이가 있을 것이라는 [가설 2-2]는 지각적 개방성, 유창성, 융통성, 독창성, 창의성의 모든 면에서 차이가 있는 것으로 나타났으므로 긍정되었다.
　[가설 2-2]의 결과를 요약해 보면 지능의 높고 낮은 집단간에는 지각적 개방성, 유창성, 융통성, 독창성 요인에서 차이가 있었고, 창의성의 높고 낮은 집단간에서도 지각적 개방성, 유창성, 융통성, 독창성의 모든 요인에서 향상 효과가 있는 것으로 검증되었다.

9. [가설 1]의 검증 결과에서 창의성 향상 발명 프로그램의 효과가 전체 또는 하위 집단별로 검증되었으나, 이 결과가 발명 프로그램을 실시했기 때문인지, 실험 대상에게 내재되어 있던 창의성 때문인지를 설명하기 위해서 다중회귀분석을 실시하였다. 이러한 특성들은 창의성 향상에 어느 정도 기여하며 가장 주된 영향을 준 변인은 무엇인지를 알아본 결과 발명 프로그램의 경우 회귀계수 값이 4.353(F=4.321, p<.01)로 가장 높게 나타

났으며, 창의성 수준 회귀계수 2.610(F=3.624, p<.05), 지능 수준 회귀계수 2.266(F=2.214, p<.05)로 나타나 발명 프로그램이 가장 크게 영향을 미치고, 창의성, 지능수준 순으로 영향을 미친다는 것을 알 수 있었다.

10. 변인들 간의 상관관계 분석 결과에서 융통성과 창의성의 상관계수 r=.861로 가장 높은 상관관계를 보였으며, 독창성 r=.745, 개방성 r=.734, 유창성 r=.733순으로 상관관계가 높게 나타났다. 이러한 결과는 창의성이 높을수록 융통성, 독창성, 개방성, 유창성이 높게 나타났음을 알 수 있었다.

B. 결 론

이상의 연구 결과에서와 같이 본 연구에서는 다음과 같은 결론이 도출되었다.

21세기 초는 정보화·지식사회로 창의성 계발이 사회와 세계를 움직이는 원동력이 될 것이며, 새로운 과학기술, 새로운 지식, 새로운 문화의 창조야말로 개인의 자아실현이나 국가경쟁력의 가장 결정적 요인이 될 것이다. 청소년의 창의성을 바탕으로 한 지식 자산은 청소년 시기에 발명동아리 활동을 통해서 새로운 창의성과 도전의식을 기르는 데에서 출발할 수밖에 없는데 지금과 같은 상급학교 진학을 위한 입시 위주의 교육으로는 도저히 감당할 수 없게 될 것이다.

그러므로 청소년 개개인의 소질을 최대한 계발해 주어 그들이 창의적으로 생각하고 발명을 통해 성공의 기쁨을 누리는 청소년들로 성장하도록 도와주어야 할 것이다.

첫째, 청소년들에게 언제, 어디서나 양질의 정보를 제공해 주며 이런 시스템이 갖추어진 발명동아리 활동 교수·학습지원센터를 설립해 청소년 발명동아리 운영의 총체적인 지원과 함께 발명으로 가치를 창조하고, 창의성으로 미래를 창조하는 풍토가 조성되어야 할 것이다.

둘째, 창의성을 기르는 과정을 즐기고, 청소년들이 마음껏 활동할 수 있는 창의성 향상 관련 시설 확충과 최첨단 전문 기자재 확보, 발명동아리 활동을 지도하는 창의성 전문지도자 육성에 국가 차원에서 더욱더 지원해야 할 것이다.

셋째, 청소년 발명동아리 활동을 위한 다양한 발명 프로그램의 개발과 창의성 관련 환경 등 시설을 전면 개방하여 창의성 관련 전문가 및 청소년 지도사의 전문적이고 지속적인 지도를 받을 수 있도록 배려해야 할 것이다.

넷째, 청소년 발명동아리 활동과 관련된 첨단 시설, 시설의 위치, 내용, 시설 사용 가능, IT 기자재, 창의성 교육 전문 지도자의 연수 등 발명동아리활동 전반에 관한 내용을 네트워크화 할 수 있는 데이타 베이스를 구축해야 할 것이다.

다섯째, 창의성 교육 관련 연구자들이 창의성 향상에 접근할 수 있는 실질적인 발명 프로그램들을 개발하고, 청소년들로 하여금 다양하게 체험할 수 있게 하며, 그 결과 최첨단으로 변화하는 미래 사회를 주도적으로 이끌어 나아갈 수 있는 인재로 육성하는데 창의성 교육 현장을 담당하는 교사가 앞장서야 할 것이다.

C. 제 언

본 연구의 결과 다음과 같은 제언과 창의성 계발 교육 관련 정책을 건의하고자 한다.

본 연구의 부족한 면을 보완하고 청소년 발명동아리 운영을 통한 창의성 향상 발명 프로그램의 활성화를 위해서, 그리고 이와 유사한 주제로 수행될 후속 연구를 위해 몇 가지 사실을 제언하면 다음과 같다.

첫째, 학생과 가장 가까이 있는 지도교사의 관심으로 발명동아리 운영 능력을 함양하며, 창의성 계발 정보 습득을 위한 관리자의 다양하고 적극적인 지원, 발명동아리 활성화를 유도하는 정책 개발 등 창의성 마인드 구축으로 국가 발전에 공헌을 해야 할 것이다.

둘째, 학교 현장에서 창의성 향상을 위해 다양한 프로그램을 개발하고, 정교 교과 시간에 창의성 계발 자료를 투입 할 수 있는 시간을 확보해야 하며, 창의성이 높고 지능이 우수한 영재를 발굴하여 보다 심도 깊은 관심을 기울여 나아가야 할 것이고, 이를 위한 광범위한 후속 연구가 수행되어야 할 것이다.

셋째, 제8차 교육과정 개편시 청소년의 창의성 향상을 위한 교수·학습 자료가 투입 될 수 있도록 관련 기관의 연구 개발이 필요하며, 청소년 발명동아리 활동 진흥을 위한 정책 수립과 청소년들로 하여금 지속적으로 창의성 계발 활동에 참여할 수 있도록 장려하고 격려 할 수 있는 제도적 보완이 필요할 것이다.

참 고 문 헌

강선구 (2003), 「창의성 계발 자료(고급)」, 에듀넷.

강충인 (1999), 『창의성 교육법』, 서울 : 도서출판 해왕.

강호감 (2001), 『과학교육에서 창의력계발을 위한 전뇌(全腦)교육』, 서울 : 교육과학.

경기도교육청 (2002), 『창의성 향상 교사 연수』, 경기도교육청.

경기도부천교육청 (2001), 『미래를 열어 가는 창의성 교육』, 장학자료 2001-2호

구자억 외 (2002), 『동서양 주요국가 영재교육』, 서울 : 문음사.

권득환 (2000), 「상설발명반 활동 프로그램 개발·적용을 통한 창의성, 발명력 향상」, 교총 연구보고서.

권일남 (2000), 「방과후 특별활동과 청소년단체활동의 방향」, 서울 : 한국청소년개발원.

_____ (2000), 「청소년지도의 학문적 정립방향에 대한 일고찰」, 서울 : 한국청소년개발원.

김성수 외 (1998) 『청소년 수련활동 지도론』, 서울 : 서울대학교출판부.

김언주 외 (1994), 『창의성의 본질과 교육』, 대전 : 충남대학교.

김영채 (1998), 『사고력 이론 개발과 수업』, 서울 : 교육과학사.

김정규 외 (2003), 『우리아이 천재로 키우는 법』, 서울 : 창조문학사.

김정휘 외 (1996), 『영재 학생을 위한 교육』, 서울 : 교육사.

김현수, 오치선 (1994), 『청소년지도의 히트』, He Hit Me Back First, Eva D. Fugitt, 서울 : 금강출판사.

김홍원 (1994), 『사고교육과 수업기술』, 서울 : 한국교육개발원. p. 44.

박숙희 (1998), 「영재성 연구의 역사에 관한 소고」, 한국가족복지학, 제3권 1호, 한국가족복지학회.

_____ (1999), 「전래동화를 이용한 창의성 증진 프로그램의 효과」, 숙명대학원 박사학위논문. pp. 22-28.

박인근 (1992), 「일본의 과학 영재교육」, 충북대학교 : 과학교육연구논총.

서울안천초등학교 (1997), 「창의성 실험보고서」, 서울안천초등학교.

신세호 외 역 (1980), 『창의력 개발을 위한 교육』, 서울 : 배영사.

신영숙 (1999), 「가족 발명 학습 프로그램의 구안 적용을 통한 발명 의욕 고취 및 창의성 신장」, 교총 연구보고서.

오치선 (1999), 『사회교육』, 「교육의 수월성, 서울 : 한국교총.

오치선 외 (1999), 『청소년지도학』, 서울 : 학지사. p. 3.

_____ (2000), 『청소년지도방법론』, 서울 : 학지사. p. 375.

_____ (2002), 『청소년조직행동론』, 서울 : 솔과학.

_____ (2002), 『청소년리더십론』, 서울 : 솔과학.

_____ (2002), 『청소년커뮤니케이션학』, 서울 : 솔과학.

_____ (2002), 『청소년집단역학』, 서울 : 솔과학.

오치선, 김현수 (1995), 『기쁨의 교육』, The Joy of Learning, Diana Whitmore, 서울 : 금강출판사.

왕연중 (1997), 『나도 발명왕이 될 수 있다』, 서울 : 명지출판사.

우종옥 (2000), 『창의력교육과 인성교육』, 한국교원대학교.

윤종건 (1998), 『창의력의 이론과 실제』, 서울 : 원미사.

이기우 (1997), 「SOI프로그램이 아동의 지능 및 사고력개발에 미치는 영향」,

영재 교육연구, 제7권 제1호, 서울 : 한국 영재교육학회지.

이군현 (1991). 「기타 외국에서의 과학 영재교육」, 한국과학기술원.

이 영 (1987). 『유아를 위한 창의적 동작 교육』, 서울 : 교문사.

이영덕 외 (1995). 「창의성 검사」, 서울 : 코리안테스팅센터. pp. 7-20.

이희영 (2001). 「개인창의성이 혁신적 행동에 미치는 영향에 관한 연구:위기의
식, 지원적 리더십의 조직효과를 중심으로」, 한양대 대학원 미간행 논문.

이인순 (1987). 「창의성의 구성요인과 후년효과」, 서울 : 성균관대학원 박
사학위논문.

이주형 (2003). 「발명이 대학교육에 미치는 영향」, invent21, 창간호. p. 47.

이주형 외 (2002). 『특허와 창업』, 서울 : 동광출판사.

_____ (2003). 『발명특허학』, 서울 : 도서출판 고리.

임선하 (1994). 『창의성에의 초대』, 서울 : 교보문고.

장영주 (1997). 『초등 창의학습장』, 서울 : 한국교육평가원.

전경원 (1994). 『영재교육학』, 서울 : 학문사.

정두희 (1998). 『창의성개발 프로그램(1,2,3)』, 서울 : 교보문고.

정종진 (2002). 「창의성 신장 계발을 위한 교수·학습의 방향」, 대구교육대
학교. pp. 22-40.

정황순 (2001). 「창의성 계발 프로그램의 적용이 창의성, 정서지능 및 다중
지능에 미치는 효과」, 원광대학원 박사학위논문.

조석희 (1995). 「영재성과 영재교육의 개념 : 피라미드모델」, 영재교육연
구. 제5권, 제1호, 서울 : 한국영재학회. pp. 1-40.

조아미 (1997). 「청소년지도사의 성격유형과 직무만족도」, 사회교육학연구,
제3권 2호.

조연순 (2001), 「교과를 통한 창의적 문제해결력 교육방법 모색」, 한국교육.

조영승 (1998), 『청소년육성법론』, 서울 : 교육과학사.

주영희 (1984). 『유아를 위한 언어 교육』. 서울 : 교문사

주재만 (2003), 「왜 청소년에게 발명이 필요한가?」, invent21, 창간호. pp. 20-21.

청소년지도학 논문집(1996), 명지대학교 청소년지도학과 제1집. p. 366.

특허청 (1995), 『발명 교육 연수자료』, 특허청.

_____ (2003), 『발명 교육 연수자료』, 특허청.

한국교육개발원 (1990), 『창의성 지도자료』, 서울 : 한국교육개발원. p. 223.

한국교육평가원 (1993), 『창의성 교육의 원리』, 서울 : 한국교육평가원. p. 17.

허경철 외 (1990), 「사고력 신장을 위한 프로그램 개발연구(Ⅳ)」, 서울 : 한국교육 개발원.

허성욱 (2001), 「韓國과 中國의 靑少年 동아리 活動에 關한 硏究」, 명지대 학원 박사학위논문. p. 8.

家永三郞 (1976), 日本文化史, 日本 : 岩波書店.

扳倉聖宣 (1968), 日本理科敎育史, 日本 : 第一法規社.

山住正己 (1987), 日本敎育小史(近・現代), 日本 : 岩波新書, 年表.

勝田守一 外 (1975), 中內敏夫, 日本の學校, 日本 : 岩波新書.

Amabile, T. M. (1989). *Growing up Creative Nurturing a Lifetime of Creativity*, 전경원 역(1998), 『창의성과 동기유발』, 서울: 창지사.

Amabile, T. M., Conti, R., Coon, H., Lazenby, J., & Herron, M. (1996).

"Assessing the work environment for the creativity". Academy of Management Journal, Vol 39(5).

Barrett, S. L. (1992). *It's all in your head*. MN : Free Sprint Publishing Inc.

Caine, R. N., & Caine, G. (1997). *Making connections* : Teaching and the human brain (Rev. ed.). Menlo Park, CA : Addison-Wesley.

Callahan, C. M. (1991). *The assessment of creativity : In N. Colangelo & G. A. Davis(Eds.)*, Handbook of Gifted Education.(pp.219-235). Massaachussettes : Allyn & Bacon.

De Bono, E. (1973). *CoRT thinking. Blandford, Dorset*, England : Direct Education Servies Limited.

Dzubay, Dawn (2001). *Understanding Motivation & Supporting Teacher Renewal*. Quality Teaching and Learning Series. Iowa State University, Meeting the Needs of Youth:Tips for 4-H Leaders.

Feldhusen, J. F. (1997). *Educating teachers for work with talented youth*. In N. Colangelo & G. A. Davis (Eds.), Handbook of gifted education (pp. 547-552). London : Allyn & Bacon.

Getzels, J. W. & Jackson, P. W. (1962), *Creativity and Intelligence*, New York : Wiley.

Hultgren, H. W., & Seeley, K. R. (1982). "Training teachers of the gifted : A research monograph on teacher competencies", Denver : School of Education University of Denver.

Katiyar, P. C. & Jarial, G. S. (1985), "Abstract : Training Programs for Developing Creativity in School Children", J. of Creative Behavior. 19.

Marker, C. J. (1993), "Creativity, intelligence and problem solving : A definition and design for cross cultural research and measurement related to giftedmess", Gifted Education International. 9. pp. 68-77.

Marland, S. P. (1972) "Education of the gifted and talented. Report to the U. S. Congress, Washington", DC : U.S. Government Printing Office.

Needels, M. C., & Gage, N. L. (1991). "Essence and accident in process-product research on teaching", In H. Waxman & H. Walberg (Eds.),

Oh, Chi-Sun (1991), *Lifelong Education*, Seoul : Ji-Young Books.

_____ (1998), *Youth Education and Leadership*, Seoul : Ji-Young Books.

Oh, Chi-Sun, Kim, Hyon-Soo (1995), *OK Training Program for Youth*, Seoul : Ji-Young Books.

Osborn, A. F. (1963), *Applied Imagination*, (신세호 외 공역, 1980), 『창의력 개 발을 위한 교육』, 서울 : 배영사.

Owen, J. (1982), "Long-term gifted education using SOI", Waco, TX : Project SPRING Education Service Center.

Patton, S. Kaplan, G. B. & Shore, B. (1982), "Intense program of gifted using SOI", Macgill University Summer School for the gifted and Talented.

Renzulli, J.S. (1978) "What makes giftedness? Re-examining a definition", *Phi Delta Kappan. 60.* pp. 180-184.

Silverman, L. K. (1982). *The gifted and talented*, In E. L. Meyen (Ed.), Exceptional children and youth (pp. 184-190). Denver : Love.

Smith. D. D. & Luckasson. R. (1995), *Introduction to Special Education (2th ed.)*. Boston : Allyn and Bacon.

Stasinos, D. P.(1984), "Enhancing the Creative Potential and Self-Esteem of Mentally Handicapped Greek Children", J. of Creative Behavior, 18.

Story, C. M. (1985), "Facilitator of learning", A microethnographic study of the teacher of the gifted Gifted Child Quarterly,

Templeton, M. H. (1984), "Effects of Teaching Intervention Strategies on Originality and Elaboration in Third, Fourth, Fifth and Sixth Grade Gifted Students", Dissertation Abstracts International, 44.

Terman, L.M. (1925) "Genetic studies of genius. The mental and physical traits of a thousand gifted children(Vol.1) Stanford", CA : Stanford University Press.

Torrance, E. P. (1979). *The Search for Satori and Creativity*, Creative Education Foundation, Buffalo : New York.

Vaught, L. D. (1984), "The Effects of Evocative Imagery Training Creativity, Imagery Vividness and Imagery Control in High School Students", Dissertation Abstracts Abstracts International, 44.

부 록

(1) 설문지 (발명동아리 대상)

어린이 여러분! 좋은 아침입니다. 이것은 시험이 아닙니다. 여러분에게 발명지도를 하기 위한 기초 자료를 조사하는 것입니다. 내용을 잘 읽어보고 해당란에 ○해주기 바랍니다.

2002년 3월 5일

명지대학교 청소년지도학과 박사학위과정 연구자 : 김건용 드림

지도교수 : 오치선

설 문 내 용	응 답 내 용	반 응
1. 발명은 누가 하는 것이라 생각하고 있나요?	1. 발명가들이 하는 것이다.	
	2. 누구나 관심을 가지면 할 수 있다.	
	3. 두뇌가 우수한 사람만 할 수 있다.	
	4. 아무나 할 수 있다.	
2. 발명 교육에 대해서 어느 정도 흥미를 가지고 있습니까?	1. 흥미가 있어 열심히 참여함	
	2. 부분적으로만 재미가 있음	
	3. 싫었다가 좋아짐.	
	4. 내용이 어려워 재미없음	
3. 발명 프로그램을 공부하면서 받은 느낌은?	1. 많은 생각을 하게 한다	
	2. 어려워 이해가 안 된다	
	3. 흥미롭고 재미있다.	
	4. 다른 공부에 도움이 된다	
4. 발명을 해보고 싶은 생각을 해본 적이 있는지요?	1. 발명을 꼭 하고 싶다.	
	2. 좋은 생각이 떠오르면 해보고 싶다.	
	3. 해보고 싶으나 자신이 없다.	
	4. 해보고 싶은 마음이 없다.	
5. 발명 교육이 좋은 점은 무얼까요?	1. 재미있고 분위기가 좋다	
	2. 많은 의욕이 생긴다	
	3. 칭찬을 받아서 좋다	
	4. 발명품을 만들어 좋다	
6. 참가해 보았다면 어떤 경우인가요?	1. 학생 발명품 경진대회	
	2. 발명 글짓기. 만화 그리기 대회	
	3. 발명상상 그림 그리기	
	4. 신문, 방송 등의 공모전	

〈교사 대상 설문지〉

설 문 지

안녕하십니까?

여러 가지로 바쁘신 줄 알면서 부탁을 드려 죄송합니다. 이 설문은 본교 발명동아리 운영을 위한 참고자료를 얻기 위한 것입니다. 발명 교육 및 창의성 교육에 대한 선생님의 의견을 듣고자 하오니 사실대로 응답해 주시면 감사하겠습니다.

2002년 2월 1일

명지대학교 청소년지도학과 박사학위과정 연구자 : 김건용 드림

지도교수 : 오치선

설 문 내 용	응 답 내 용	반 응
1. 귀교의 발명 교육 조직 실태는 어떠합니까?	1. 방과후 과외 활동으로 발명반 설치 운영	
	2. 클럽활동으로 정규시간 운영	
	3. 과학 행사 때 활동	
	4. 발명 영재반으로 운영	
	5. 조직하지 않고 있음	
2. 창의성 지도교사가 갖추어야 할 능력은?	1. 감화력이 있는 교사	
	2. 지도력이 있는 교사	
	3. 아이디어가 있는 교사	
	4. 촉진력이 있는 교사	
3. 창의성 향상 발명 프로그램에 대한 의견은?	1. 흥미가 있음	
	2. 추상적임.	
	3. 신선함	
	4. 기존자료임	
4. 창의성 교육에 대한 전망은?	1. 활성화 될 것이다	
	2. 새교육방안이 대두될 것이다	
	3. 점점 쇠퇴할 것이다	
	4. 없어질 것이다	

설 문 내 용	응 답 내 용	반 응
5. 지도교사의 창의성교육 활용 정도는?	1. 관계기관에서 권장하는 대로 추진하고 있다.	
	2. 자신의 능력과 관심에 따라 약간	
	3. 관심은 있으나 업무로 인한 시간 부족	
	4. 연수 기회가 없어 관심도 없다	
6. 창의성 교육의 추진력이 약한 이유는?	1. 교육기관의 지원부족	
	2. 담당교사의 무관심	
	3. 창의성에 대한 인식부족	
	4. 프로그램의 부족	
7. 창의성 교육을 담당할 교사 양성 제도는?	1. 창의성 교육 전문교사 양성	
	2. 창의성 순회교사 양성	
	3. 창의성특기 적성교사 양성	
	4. 일반교사 연수 양성	
8. 창의성 교육 지도교사를 위한 연수방법	1. 창의성 일반연수(60시간)	
	2. 창의성교사 자격코스(240시간)	
	3. 창의성 세미나 참여	
	4. 창의성 연구회 활동	

(2) 창의성 향상을 위한 프로그램

〈발명 프로그램〉

발명은 바로 나 자신이 하기 때문에 누구나 발명가가 될 수 있다. 발명을 하려면 먼저 주위에 있는 학용품이나 새로운 용품, 가구 등을 보았을 때, '왜 저렇게 만들었을까?, 다른 방법은 없을까?'라는 흥미를 가지는 것이 중요하다. 그러나 흥미가 솟아났다고 해서 반드시 발명이 이루어지는 것은 아니며 지속적인 교육과 훈련으로 습관화되어야 한다.

발명동아리 운영을 위한 창의성 프로그램은 총 365가지로 1일 1회 즉, 365일 동안 매일 한 가지 이상 프로그램을 실시할 수 있도록 상설 발명

교실에 설치해 두고, 아침, 점심, 방과후에 자율적으로 참여하며 특히 목
요일 6교시에는 정기적인 모임을 통해 일 주일간의 발명과 창의성 활동
을 지도 조언해 주었다.

① 발명 성공 사례 지도자료 선정

활동 전개 시간의 중심 착상기법과 관련한 발명 성공사례를 모아 도
입시 5분간 새로운 느낌, 즉 신기함을 체험하는 측면에서(참신한 경험,
창의성, 상상력 등) 활동영역 범위내의 성공사례를 이야기하거나 VTR
로 보여 주어 발명 의욕을 고취시켰다.

〈표 부록-1〉 발명 성공사례 지도자료

순	발명성공 사례	이야기 내용
1	+자 나사못과 드라이버 발명 (VTR)	라디오 수리공이던 16세 소년 필립이 -자 나사못의 불편한 점을 +자 나사못과 드라이버 발명으로 오늘날 세계 100대 기업중의 하나인 필립사를 탄생시킨 이야기
2	철사 가시 울타리 발명 (VTR)	세계적인 발명인 중에서 가장 나이 어린 13세의 미국의 조셈이 장미덩굴 가시에서 철사가시 울타리를 만들어 가장 많은 돈과 명예를 얻은 이야기
3	쌍소켓 발명 (VTR)	일본의 마쓰시다가 누이들이 서로 자기의 전기제품을 먼저 쓰려고 다투는 것을 보고 쌍소켓을 발명하여 마쓰시다 그룹을 경영하는 이야기
4	전기 충전식 비상라이트 발명 (VTR)	한국 박성용이 외과 수술 도중 정전이 되었을 때의 생명의 피해를 막기 위해 정전시에도 불을 켤 수 있는 전기 충전식 비상라이트를 발명한 이야기
5	껌 빼는 비누 발명 (VTR)	부산 사하초등학교 5학년 유보선 양이 껌을 씹으면서 땅콩을 먹었을 때 껌이 분산되는 것을 보고 땅콩기름 90%와 물비누 원액 10%를 합쳐 껌 빼는 비누를 발명한 이야기
6	세발 자전거 (예화)	세계 최초로 손으로 진·후진하고 발로 방향을 조정하는 세발자전거를 발명하여 일본에 전량을 수출한 오명근씨의 역발상기법

순	발명성공 사례	이야기 내용
7	6백만불 짜리 코카콜라 병 (VTR)	미국의 루드는 친구 쥬디의 긴 주름치마에서 코카콜라 병을 발명하여 6백만불이라는 돈을 벌었다는 이야기
8	우수한 씨앗과 식물개량 (예화)	곡식과 화초에 이르기까지 2500여종의 식물을 개량한 마술사 미국의 루우더 버어뱅크의 이야기
9	인디언의 장난감에서 발달한 고무의 발명 (예화)	1495년 컬럼부스가 두 번째의 아메리카를 항해했을 때 서인도 제도의 타이티섬에서 딱딱하고 거무튀튀한 고무공을 가지고 는 것을 보고 고국에 돌아와 나눈 여행담에서부터 오늘날 고무의 생산과 쓰임에 관한 이야기
10	결핵을 추방한 투베르쿨린 (예화)	독일의 로베르트 고초가 당시 한 번 걸리기만 하면 죽는날만 기다릴 수밖에 없는 무서운 전염병인 결핵을 추방한 투베르쿨린을 발명한 이야기
11	지우개 달린 연필 (VTR)	미국의 가난한 화가였던 하이만이 연필에 지우개를 더하여 세계적인 발명가로 성공했다는 이야기
12	머리핀 라디오 (예화)	1천 200여건의 발명을 하여 한국의 에디슨이라고 불리는 신석균의 '머리핀 + 라디오"로 미국 뉴욕에서 열린 국제 발명품 전시회에서 준대상 수상 이야기

자료 : 특허청, 2000 : 16.

② 발명 아이디어 창출을 위한 프로그램 설정

발명 아이디어 창출을 위한 프로그램을 설정하고 발명 활동시간에 주 프로그램으로 활용하였다.

〈표 부록-2〉 발명 아이디어 창의성 프로그램

월	활동영역	주	발명 아이디어 착상기법	활동내용	논리적 사고 훈련	발명성공 사례
4	학습용품	1	더하기도 발명이다	조별 자유선택 (활동영역 범위내)	·상표자랑 ·입체적 사고	·+나사못과 드라이버 발명 ·철사가지 울타리 발명
		2	빼기도 발명이다			
		3	모양을 바꾸어 보자			
		4	반대로 생각해 보자			
5	생활용품	1	이것을 저것에 응용	조별 자유선택 (활동영역 범위내)	·백화점 시장 견학 느낌 ·용도 찾기	·쌍소켓 발명 ·전기충전식 비상라이트 발명
		2	크게 해 보자			
		3	작게 해 보자			
		4	폐품을 이용하자			
6	폐품활용 과학완구	1	재료를 바꾸어 보자	조별 자유선택 (활동영역 범위내)	·이야기 이어가기	·껌빼는 비누 발명 ·세발자전거 발명
		2	더하기도 발명이다			
		3	이것을 저것에			
		4	모양을 바꾸자			
7	공통	1	발명장려관, KBS전시회	견학	·끝말 이어가기	·6백만불 코카 콜라병 ·우수한 씨앗과 식물 개량
		2	신세화 백화점 견학			
9	발명글짓기 발명만화	1	발명글짓기 지도	발명글짓기 발명만화	·만약에…… ·퍼즐놀이	
		2	발명 글짓기			·고무 발명 ·결행을 추방한 투베르큐린 ·지우개 달린 연필 ·머리핀 라디오
		3	발명 만화 지도			
		4	발명 만화 그리기			
10	생활용품	1	작게 해 보자	조별 자유선택 (활동영역 범위내)	·만화에 대사 넣기	
		2	폐품을 이용해 보자			
		3	재료를 바꾸어 보자			
		4	더하기도 발명이다			
11	모형항공기 과학상자	1	모형항공기 조립 방법	모형항공기 과학상자	아이디어 공장	※시간별 선택
		2	모형항공기 조립			
		3	과학상자 조립방법			
		4	과학상자 조립		※시간별로 선택 훈련함	
12	작품전시회	1-2	작품 전시회 및 반성			

③ 좋은 생각 모으기(Idea Scrap)

가. 지도목표
· 상품 아이디어를 스크랩하여 돌려봄으로써 발명 의욕을 높일 수 있다.
· 스크랩 활동 중에 부모 형제의 도움으로 가족과 발명에 대한 대화
  의 폭을 넓힐 수 있다.

나. 운영방법
· 동아리별로 제작하되 조장이 조원에게 할당량 부여 (각자 신문, 잡
  지 등을 선정)하고 스크랩장을 돌려봄으로써 발명 의욕을 높일 수
  있다.
· 4절지에 스크랩한 내용을 붙이도록 하고 동아리당 1회씩 발명 수업
  에서 발표하도록 하였다.
· 한 학기에 1회씩 자체 심사 후 시상하였다.
· 가족의 도움을 얻어 작성하도록 하고 완성된 스크랩은 발명 교실에
  보관하여 수시로 볼 수 있도록 하였다.

④ 용도의 발견(발명) 놀이

가. 지도목표
· 같은 것을 보고도 남다른 생각을 가질 수 있다.
· 짧은 시간에 주어진 주제를 보고 유연성, 유창성을 함께 신장시킬
  수 있다.

나. 운영방법
· 수업 시간의 도입 단계에 실시하고 5분 정도의 제한된 시간에 같은 주

제를 각 조별로 동시에 제공하여 가장 많은 용도를 만드는 조가 우승
한다.
· 조별로 리포트 종이를 주고 번호를 부여하면서 용도를 적고 시간이
끝나면 조장이 용도의 개수를 발표하도록 하였다.
· 엉뚱하거나 재미있는 5개의 용도를 발표하도록 하고 즐거운 분위기
가 되도록 리더가 분위기를 조성한다.

⑤ 발견(발명) 이야기 이어가기

가. 지도목표
· 짧은 시간에 재치 있게 주어진 문제해결 과정에서 집중력, 순발력을
신장시킬 수 있다.

나. 운영방법
· 2개조를 선정하여 참여 인원을 조별로 4~5명으로 제한하고 발표
순서를 정한 뒤 같은 문제를 가지고 놀이를 한다.
· 이야기가 끊어지지 않고 긴박하게 이어지도록 분위기를 조성하고
발표자 이야기가 너무 길지 않도록 하였다.
· 판정은 나머지 반원들이 박수로 결정짓도록 하였다.

⑥ 발명(발견) 관련짓기

가. 지도목표
· 별개의 대상에서 연관성을 찾아내는 능력을 신장시킬 수 있다.
· 두 대상을 관련지어 새로운 것을 찾고 다른 관점에서 해석하는 훈
련이 발명이다.

나. 운영방법

· (a) + (b) = (   )

· (주전자) + (엘리베이터) = (   )

예) 주전자 모양의 엘리베이터-엘리베이터 모양이 주전자-투명 엘리베이터 밖으로 물이 흐른다-아래위로 운동하는 수족관-계곡 수영장-증기를 발생하지 않는 주전자-소방포-폐열 회수기……전혀 상반된 두 대상을 선정하여 새로운 무엇을 만들어 내는 것으로 조별 놀이로 경쟁을 유도하여 아이디어를 얻어내도록 하였다.

⑦ 청소년 발명아이디어 · 디자인 경진대회 지도

21세기를 리드하는 지식정보화 사회에 주요 구성원으로 등장한 청소년들에게 새로운 패러다임의 변화를 혁신적으로 유도하며 발명(과학) 활동 촉진을 위하여 지식기반 산업에 대한 창의성을 계발하고, 산업재산권의 일상 생활화를 유도하여 21세기의 지식 경쟁력을 갖춘 전문화된 청소년들의 잠재된 능력이 계발된 인재를 발굴 양성하고자한 대회로 발명 프로그램을 중심으로 추진하였다.

가. 발명 아이디어 지도

1) 목 적

- 발명의 기초를 익힌다.

- 작품제작을 통해 실패의 경험, 종합적 사고력, 실기능력, 설계능력을 기른다

- 종합적 문제해결 능력을 배양한다.

- 현장 체험을 통해 성취감을 기르고 발명에 대한 자신감을 기른다.

- 현장 체험을 통해 실수, 실패의 경험으로 인내를 배운다.

- 이론과 실제의 차이를 체득한다.

2) 운영방침
- 목요일 6교시에 발명동아리를 운영한다.
- 발명공작실을 이용한다.
- 안전에 유의한다.
- 발명품은 학생 스스로 제작한다.
- 발명품은 각자 발명 노트에서 한 가지씩 정한다.
- 문제를 스스로 해결 할 수 있도록 최소의 지원과 협조를 한다.
- 결과보다 과정을 중시한다.

3) 지도방안
- 인터넷을 이용하여 발명을 검색하고 활용한다.
- 발명 진흥회에서 운영하는 온라인 발명 활동에 참여한다.
- 사전에 계획을 세우고, 지도교사와 협의를 한다.
- 경진대회 조직위원회 자문을 구한다.
- 각종 발명대회에서 수상한 작품을 브레인스토밍을 한다.
- 경진대회 심사기준을 참고하여 제작해 본다.
- 실생활에서 매우 유용하게 활용이 가능한 작품을 구상해 본다.

⑧ 발명 만화 그리기 지도

가. 활동목표
1) 발명만화의 개념을 알고 그 무한한 가능성을 이해한다.
2) 발명만화의 여러 가지 표현법을 익혀 작품을 만들 수 있다.
3) 발명만화를 통해서 다양한 사고를 길러 창의성을 신장한다.

4) 발명만화 그리기 작업을 통해 인내심과 성실성을 키운다.

5) 여가시간을 활용하여 자기 소질을 계발할 수 있는 기회를 가지게
한다.

나. 활동 방침

1) 주 2회 계발활동 시간을 이용하여 기능을 습득한다.

2) 정해진 시간 외에도 방과후에 자율적으로 활동하는 시간을 갖는다.

3) 활동 후에는 작품 감상과 반성의 기회를 갖는다.

4) 학기별 작품전시회를 통해 자신의 작품활동에 대한 성취감을 갖게
하고 이후 작업의 효과성을 증대하게 한다.

5) 동아리들의 공동작업을 통해 협동심 배양 및 기능을 향상시킨다.

다. 기대효과

1) 주위 사물에 대한 관찰력을 키울 수 있다.

2) 발명만화를 통해 상상력과 창의력을 신장시킬 수 있다.

3) 발명만화의 여러 가지 기능을 익혀 미술 및 기타 학습에 도움을 줄
수 있다.

4) 작품 완성을 통해 보람과 성취감을 얻을 수 있다.

5) 발명만화 작업을 통해 인내심과 협동심을 배양할 수 있다.

라. 연간 활동 계획

〈표 부록-3〉 브레인스토밍 교수·학습 지도안

순	제 재	활 동 내 용
1	• 만화란 무엇인가	• 만화의 이해 -만화의 개념과 역사 -만화의 발전 전망 -만화의 장점 및 응용 분야

2	• 만화그리기
	  재료 사용법
		• 만화그리기 재료 사용법
		-잉크, 포스터 컬러, 먹물, 보통펜, 둥근펜, 곡
		  선자, 연필과 지우개, 콤파스

3	• 인체 그리기	• 신체를 그리는 법 -인체의 비례 -인체의 해부도
4	• 얼굴 그리기	• 얼굴그리는 법 -얼굴을 구성하는 있는 요소 그리기
5	• 여러가지 표정 얼굴 그리기	• 여러 가지 표정 그리기 -화났을 때 표정 -슬플 때의 표정 -놀랐을 때 표정
6	• 손 그리기	• 여러가지 형태의 손 그리기 • 다양한 각도에서 그려보기
7	• 발 그리기	• 여러가지 형태의 발 그리기 • 다양한 각도에서 그려보기
8	• 옷입는 모습 그리기	• 옷입는 모습 그리기 -계절, 신분, 나라, 직업에 따른 모습 그리기
9	• 간단한 대상 보고 그리기	• 간단한 물건 그리기 -볼펜, 칼, 열쇠, 가위, 컴퍼스
10	• 복잡한 대상 보고 그리기	• 복잡한 기계 그리기 -자전거, 오토바이, 승용차, 트럭, 포크레인 등
11	• 질감 살려 그리기	• 질감 살려 그리기 -나무껍질, 모래, 옷감의 짜임새, 가마니의 짜 임새, 쌀알, 콩, 갈라진 논바닥 등
12	• 선의 변화를 살려 그리기	• 움직이는 선 그리기 -벌이 날아가는 모습 -주전자에서 나오는 김 -나뭇잎이 떨어지는 모습 -새가 날아가는 모습 등
13	• 만화의 여러 가지 효과	• 만화의 부호 • 스크린톤 기법 익히기

순	제 재	활 동 내 용
14	• 배경 그리기	• 배경 그리기 -자연풍경그리기 -도시풍경 그리기 -농촌풍경 그리기 -바다풍경 그리기
15	• 관찰그림 그리기	• 관찰그림 그리기 -주위의 식물을 관찰하여 그리기 -동물의 움직임을 관찰하여 그리기
16	• 생활그림 그리기	• 생활그림 그리기 -집에서 일어난 일 그리기 -경험한 것 그리기 -학교 생활을 그림으로 표현하기
17	• 공상과학 만화그리기	• 공상과학 그림 그리기 -우주의 세계를 주제로 그림그리기 -미래의 가능한 경험 그리기
18	• 마음을 그림으로 그리기	• 마음을 그림으로 표현하기 -여러가지 기분 상태를 그림으로 그리기 -다른 사람의 마음을 그림으로 그려보기

〈브레인스토밍의 지도자료〉

브레인스토밍은 1941년 오스본이 제안한 '아이디어를 내기 위한 회의 기법'에서 비롯된 것으로, 작은 집단이 한 가지의 문제를 놓고 서로 아이디어를 내는 일종의 회의기법이다. 따라서 문제해결(발명, 발견)의 단계 중 아이디어 창출을 중심으로 한 테크닉이라 할 수 있으며 집단의 효과를 살리고 아이디어의 연쇄반응을 내고자 하는 것이다.

① 개인 아이디어 발표

가. 교사가 선정한 아이디어를 발표한 학생이 직접 제작한 발명이나 그림을 가지고 내용을 설명하도록 하였다.
나. 그 후 발명동아리 학생들은 공격과 자신의 아이디어를 첨가하도록

하고 발표자는 방어를 하면서 진행하였다.

· 발표 학생 - 논리적 방어
· 발명동아리 학생 - 논리적 공격 및 아이디어 첨가
· 지도교사 - 발표자의 입장에서 학생들의 의욕을 떨어뜨리지 않는 말만 한다.
- 공방의 내용이 엉뚱하게 가더라도 유익한 상황이라고 판단되면 자유로운 분위기로 그대로 두었다.

② 분임 아이디어 발표

· 형식 - 개인 아이디어 발표와 같고 조장이나 의욕 있는 학생이 발표하도록 하였다.
· 발표자 및 그 분임조 - 논리적 방어
· 나머지 분임조 - 논리적 공격 및 아이디어 첨가

③ 브레인스토밍 노트 활용

가. 활용 방법 지도
1) 개인의 아이디어를 적을 수 있는 발명 노트를 발명동아리 학생들에게 항상 휴대하게 하여 자신의 아이디어를 메모할 수 있게 하였다.
2) 자신이 연구한 작품에 대하여 부끄럼 없이 적을 수 있도록 수시로 격려하였다.
3) 때에 따라 주제를 선정하여 조별로 브레인스토밍식 토론을 하게 하여 기록장에 적도록 하였다.
4) 우수작을 추출하여 브레인스토밍을 시켜 발명품을 제작하도록 하였다.
5) 발명 노트는 2주 1회 지도교사에게 지도를 받도록 하고 아이디어 창

출기록 내용에 대하여 상담을 통하여 수정, 보완해 나가도록 하였다.

나. 활용의 실제

발명 노트를 평소에 활용하여 발명 학습 내용을 기록하고 연구하면서 수정, 보완하여 기록한 발명 노트를 예시로 제시하면 다음과 같다.

다. 브레인스토밍 노트

〈표 부록-4〉 브레인스토밍 노트

2002년 5월 10일 토요일	구분	동아리	학년	6
작품명 : 어두운 곳에 태양광이 비치는 장치			이름	

○ 동 기
 학교에서 태양의 그림을 보고 만화 대사 넣기를 하는데 지하실이나 어두운 곳에 태양 직사광선을 전달할 수 없을까 고심하고 궁리한 끝에 배운 센서가 생각났다. 그래서 그 센서를 이용해서 '태양광을 어두운 곳으로 끌어들일 수 있는 방법이 없을까?' 생각하고 부모님과 선생님께 말씀드리고 발명동아리 활동 시간에 발표를 하고 연구를 시작하게 되었다.

○ 내 용
 더하고 빼는 것도 발명이다. 소형 모터와 광섬유를 적절히 조합하여 센서는 태양쪽을 계속 향하게 하고 광섬유는 태양광을 유도하여 지하실 등 어두운 곳으로 태양광이 전달되도록 한다.

○ 결 론
 지하실이나 어두운 곳에 태양광을 끌어 올 수 있다면 에너지를 절약하고 자연 채광을 할 수 있어 살균 효과를 가져올 수 있을 것이다.

---

1) 아이디어를 제시한 학생으로 하여금 발명동아리 조원들에게 발표하도록 하였으나 용어 이해가 어려워 본 연구자가 보충설명을 자세히 해 주고 브레인스토밍을 시켰다.

2) 브레인스토밍 결과 좋은 아이디어를 받아들여 작품제작에 착수하
도록 하였다.

④ 브레인스토밍 활동

가. 브레인스토밍 활동 과정안

〈표 부록-5〉 브레인스토밍 교수·학습 지도안

주제	브레인스토밍을 이용한 아이디어창출		
학습 목표	-브레인스토밍을 통해 아이디어를 창출할 수 있다. -서로에게 새로운 아이디어 발상을 제공한다. -발전된 브레인스토밍을 통해 아이디어의 확산을 추구한다.		
단계	교수-학습 활동		
	교 사	학 생	유의점
도입	*브레인스토밍의 의미 -브레인스토밍 회의 진행 방법 -아이디어 창출의 중요성을 소개	-아이디어 창출 방법 및 의문점 질의 -활동 준비물 준비	
전 개	*진행방법 소개 -자유롭게 -많은 아이디어 -비판 금지 -조원 구성 및 좌석 배치	-조 편성 5-6명 정도로 편성하고 -좌석이동 -기초 활동을 통한 방법 익히기	.분위기를 편하게
	*재미있는 주제를 이용한 분위기 조성(시간 10분) -대머리에 샴푸를 파는 방법은? -아프리카 원주민에게 양말을 사 게 하려면? -아이디어 지도 그리기 -토의 주제는 다양한 의견 제시가 가능한 내용으로 토의 주제를 정 한다.	-조별 활동 -〈보기1 참고〉 -〈보기2 참고〉 -〈보기3 참고〉 -〈보기4 참고〉 -토의 활동 -토의내용 작성 요약	.비판 금지 .질보다 양 을 추구 .의견존중
결론	*토의를 통해 주고받은 의견을 정리하고, 발표하게 한다.	-의견 발표 및 정리	

나. 브레인스토밍 활동1

☞문(Q) : 대머리인 사람에게 샴푸를 파는 방법을 연구해 보자.

〈표 부록-6〉 브레인스토밍 활동1

브레인스토밍 활동 주제	브레인스토밍 활동 주제
사은품으로 가발을 준다	자외선 차단 샴푸를 사용한다.
염색약을 첨가한다.	화장품 겸용 샴푸
모델을 사용하여 판매한다.	고혈압 방지 제를 첨가
유전방지 약품을 첨가한다.	대머리 가발 전물 세척 샴푸 판매
머리를 보온해 주는 샴푸를 만든다.	정전기 방지용 샴푸
다용도 샴푸를 판매한다.	알카리성 샴푸
머리를 좋게 해주는 샴푸	스프레이 식으로 샴푸를 만들어서 판다.
비듬 약을 첨가한다.	바이오 피부 보호용 샴푸

다. 브레인스토밍 활동2

☞문(Q) : 아프리카 원주민에게 양말을 팔기 위한 방법을 생각해 보자.

〈표 부록-7〉 브레인스토밍 활동2

브레인스토밍 활동 주제	브레인스토밍 활동 주제	브레인스토밍 활동 주제
해충 퇴치용 양말	흙이 안 묻는 양말	방수 양말
스펀지 양말	아름다운 칼라 양말	통풍 잘 되는 양말
향기 나는 양말	스프링 양말	카멜레온 양말
지압 기능 있는 양말	동물가죽 양말	충격완화 양말
숨쉬는 양말	나침반 양말	늘어나는 양말
불에 안타는 양말	뱀에 안 물리는 양말	예방용 의약품 양말
발 냄새 제거 양말	밑이 튼튼한 양말	지도 있는 양말
1회용 양말	온도 조절 양말	시계 달린 양말

라. 브레인스토밍의 발전

하나의 주제를 통해 관련된 생각을 연상해 내고 발명 아이디어와 연결시켜 발전해 나가는 방법이다.(주제 : 비오는 날)

마. 브레인스토밍의 주제 모음

〈표 부록-8〉 브레인스토밍 주제

순	주 제
1	대머리인 사람에게 샴푸를 파는 방법은?
2	아프리카 원주민에게 양말을 파는 방법은?
3	나무에 쉽게 올라갈 수 있는 방법은?
4	제시한 물건에서 불편한 점을 찾아보자.
5	제시한 물건에서 개선할 점을 찾아보자.
6	자석을 이용하여 만들 수 있는 발명품을 상상하여 보자.
7	시각 장애인을 위한 물건은 어떤 것들이 필요할까?
8	눈길에 미끄러지지 않고 잘 다닐 수 있는 방법은 어떤 것이 있을까?
9	태극기가 바람이 불어도 감기지 않게 하려면 어떻게 하면 좋을까?
10	높은 나무의 가지를 쉽게 자를 수 있는 방법을 구안해 보자.

〈창의성 향상 지도자료〉

'창의성은 타고나는 것인가? 아니면, 길러지는 것인가?' 라는 질문에 관한 답은 이미 다수의 학자들의 노력으로 만들어진 창의성 관련 프로그램들이 존재하고 있음에서 짐작해 볼 수 있다. 창의성에 관해 많은 연구가 축적됨에 따라 창의성은 모든 사람들이 지니고 있는 보편적인 능력이라는 견해가 확산되었으며, 학습과 훈련에 의해서 획득될 수 있는 능력이라고 인식하게 되었다.

　그렇다면 어떻게 길러질 수 있는가? 창의성의 향상은 크게 두 가지 방법을 통해서 가능하다. 하나는 창의적 사고 관련 기능들을 계발하기 위해 제작자가 만들어 놓은 프로그램이나 기법들, 즉 인쇄 자료, 시청각 자료, 디지털 멀티 자료, 브레인스토밍과 같은 기법을 통해 경험하는 직접적인 방안이고, 다른 하나는 프로그램이나 기법을 직접 실시하는 것은 아니지만, 창의적 수업의 분위기나 교육 행정 지원체제와 같은 환경을 형성해 주는 간접적인 방안이다.

① 가정용 창의성 향상 프로그램

가족과 함께 재미있는 창의성 놀이를 할 수 있도록 제작한 것이다.

〈표 부록-9〉 창의성 계발 프로그램

순	창의성 영역	제 재
1	유창성	그림으로 이야기 만들기
2	유창성	끝말 이어가기
3	유창성	이야기 완성하기
4	융통성	제목 만들기
5	융통성	물건이름 써넣기
6	융통성	'만약에 놀이'
7	독창성	비유하기
8	독창성	관련 짓기
9	독창성	용도 찾기
10	개방성	아이디어 뱅크
11	개방성	상상하기
12	개방성	감정 느끼기
13	융통성	창의성 퀴즈풀기
14	독창성	새로운 발명(발견)하기

② 가족 발명품 전시회

발명동아리 활동을 통해 익힌 발명 기법으로 아이디어를 작품으로 완성하여 발명품 전시회에 참가하는 기회를 마련하였다.

가. 발명품 전시회의 목적

발명활동 중에서 학생들에게 가장 자극이 크고 상상력과 독창성을 발휘할 수 있는 기회를 제공했다. 작품준비 과정에서 탐구 의욕의 고취, 창의성의 발현, 논리적 사고력, 발전적 사고, 모험적 발상, 도전적 의욕, 자기 의사 표현 등에서 왕성한 활동이 일어나게 했다.

나. 시행 방법

1) 홍보 활동을 통해 발명품 대회 개최 요강을 발표하고 작품설명서를 지급하였다.

2) 교내 학생 발명품 경진대회와 가족발명품 경진대회를 참가하기 위해서 작품 주제가 정해지면 작품설명서를 작성하여 발명동아리에 제출하였다.

작품 완성 후 작품설명서를 다시 4절지에 옮겨 써서 작품과 함께 전시하도록 하였다.

3) 작품설명서를 지도교사가 분석하여 학부모님과 상담하고 현물화(Output)를 원할 경우 작품제작 지도를 실시하였다. 작품 제작 방법이나 절차에 관한 이론은 발명동아리 연간 지도 계획에 따라 지도하였으나 작품화에는 경비와 노력이 많이 들므로 학부모님과 상담하여 제작 여부를 결정하였으며 제작 기술상의 어려움은 전문가의 도움을 얻도록 하였다. 우수작은 시상하고 교내외 발명품 경진대회에 출품하였다.

다. 심사방법

1) 1차(서류심사) 통과자를 선정하고 2차(대회)는 모형 혹은 현물화 (산출물)하여 전시회를 하였다.

2) 심사 위원은 발명동아리 지도교사와 특별히 위촉한 교내외 인사로 하였다.

3) 심사기준은 학생의 눈 높이에 맞춰 작품완성도보다 아이디어의 참신성에 중점을 두었다.

③ 학생 발명품 전시회

과학의 날 발명품 전시회를 개최하고 시상하여 발명 동기를 강화하여 발명 분위기를 조성하기 위해 참가 대상을 발명동아리에 국한하지 않고 전교생 누구나 희망하면 참가토록 하였다.

④ 발명 상상화·만화 그리기 대회

만화나 그림은 자신의 생각, 상상력, 의사를 자유롭게 표현할 수 있고 집중력을 높여 주므로 매우 중요한 아이템이다. 특히 발명만화는 학생들이 매우 흥미를 가지고 적극적으로 참가하였다.

⑤ 발명 도서 독후감 쓰기 대회

발명 행동을 모방하고 싶은 충동을 갖게 하고 관련 지식을 습득을 위해 발명도서 읽기를 권장하고 분임조 별로 독후감 문집을 만들고 월 1회 이상 쓰게 하여 우수한 독후감을 선정하여 2회 시상하였다.

⑥ 창의성 경시대회

가. 창의성 문제

1) 자동차를 타고 가다가 기름이 다 되어서 멈추고 말았습니다. 어떻게 하면 자동차를 끌고 무사히 집에까지 갈 수 있는지 그 방안을 세워 보시오.

2) 한 줄에 바둑알을 5개씩 나란히 6줄 늘어놓으려고 합니다. 바둑알이 24개뿐인데 어떻게 늘어놓으면 되는지 그려보시오.

3) 페트병을 이용하여 생활에 필요한 쓸모 있는 물건을 만들려고 합니다. 생각하는 대로 구상한 제목을 쓰고 그림을 그린 후 설명하시오.

나. 기능평가 문제

1) 8절 마분지 1장, 풀, 가위를 이용하여 창의적인 작품을 구상하여 만들어 보시오.

다. 발명글짓기 문제

1) '내가 발명하고 싶은 것'이라는 제목으로 글짓기를 하시오.

⑦ 창의성 독서대회

가. 창의성 향상 도서 목록

〈표 부록-10〉 창의성 향상 도서 목록표

순	도 서 명	저 자	출 판 사
1	엉뚱한 발명 하나로 세계적인 특허를 거머쥔 사람	왕연중	지식산업사
2	작은 아이디어로 크게 성공한 세계적인 발명가들	왕연중	한국발명진흥회
3	발명특허백과'발명교실'	왕연중	법경출판사
4	꾸러기 발명왕	왕연중	글수레

순	도 서 명	저 자	출 판 사
5	발명박사(1,2)	왕연중	〃
6	발명하는 어린이들(1,2)	왕연중	〃
7	역사를 바꾼 세계적인 발명 발견(1)	왕연중	한국발명진흥회
8	발명인의 길	왕연중	〃
9	나도 발명가	왕연중	〃
10	이제 I이론도 만들 때다.	왕연중	〃
11	뫼비우스의 꿈을 찾아서	김종길	화동출판사
12	나는 결코 멈추지 않는다.	정영춘	〃
13	나도 발명가(1,2)	홍성모	도서출판 하우
14	재미있는 발명여행	왕연중	명지출판사
15	재미있는 발명학교	왕연중	〃
16	나도 발명왕이 될 수 있다.	왕연중	〃
17	발명기술 성공 비결	김관형	법경출판사
18	뿌리 깊은 한국의 발명	유태수	키출판사
19	역사적 발명, 그 뒷이야기	하상남	세광출판사
20	발명과 특허	특허청	특허청
21	학생발명동아리 지도 지침서(93,94)	〃	〃
22	발명발견대탐험	국민서관	국민서관
23	발명왕들의 엉뚱한 어린시절	이부춘	파랑새
24	발명가와 발명 이야기(1,2)	권대섭	바른사
25	발명노트, 특허노트	강성수	새로운제안
26	발명특허의 과학	박영택외	현실과미래
27	대한민국학생발명 전시회 작품집	진흥회	한국발명진흥회

⑧ 창의성 마인드 맵 훈련

가. 목 표

1) 마인드 맵을 통한 두뇌의 개발과 가능성을 느끼게 한다.

2) 두뇌의 사고력과 창의성을 신장시킨다.

나. 준비물 : 색연필, 싸인펜, 종이(B4)

다. 활동내용

1) 기초적인 사고 훈련

    가) 마인드 맵과 처음 만나기

    나) 중심이미지, 주가지, 부가지

    다) 생각 뻗기

    라) 핵심단어, 나누기

2) 쉬운 주제로 마인드 맵 응용하기

    가) 신문기사 마인드 맵 하기

    나) 교과서 마인드 맵 하기

    다) 긴 문장 마인드 맵 하기

3) 발명품에 관한 마인드 맵 하기

    가) 발명품을 보고 마인드 맵 하기

    나) 발명품 상상해 보고 마인드 맵 하기

    다) 발명 주제에 다른 마인드 맵 하기

⑨ 창의성 금·은·동장제

창의성 활동 성과에 따라 학기별로 금장, 은장, 동장을 수여한다. 사전 계획에 따라 발명동아리에게 홍보하고 대외입상, 교내입상, 동아리 활동, 브레인스토밍 노트, 발명과 창의성 포트폴리오 등을 중심으로 점수를 부여한다.

〈표 부록-11〉 창의성 금·은·동장제

종 류	점 수	내 용
금 장	90-100	상장 및 창의성 포트폴리오
은 장	70-89	〃
동 장	50-59	〃

〈표 부록-12〉 점수내규표

구 분	최우수	우 수	장 려	비 고
전국단위	30	25	20	창의성 관련
도단위	25	20	15	〃
시단위	20	15	10	〃
교 내	15	10	5	〃

⑩ 창의성 향상을 위한 창의 학습지 활용

창의성은 우수한 발명품을 창조하는 원동력이라 할 수 있다. 즉 창의력과 발명력은 같은 뿌리에서 출발하는 인간의 지적 능력이므로 발명학습은 창의성 계발 학습 프로그램과 병행하는 것이 효과적일 것이다. 이에 창의성 계발을 위한 학습지 '새로운 생각'을 만들어 활용했다.

1) 창의 학습지 제작에 고려한 점

창의성 계발 학습지 개발을 위해 먼저 창의적 사고를 구성하고 있는 각종 요소를 추출하고 이들을 학생들의 수준에 따라 계열을 선정하는 작업을 하였다. 학습지 제작에 다음과 같은 점을 고려하였다.

① 토랜스의 창의적 사고 기능 여섯 단계 수준 참고

② 각종 출판사에서 열린 교육 학습지, 창의력 신장 학습지 탐색.

③ 경기도 동두천교육청에서 계발한 창의성 계발 교육 자료 '지혜의 샘'

④ '창의성 계발'을 위한 '교수·학습 활동안'과 경상북도 영주교육청 (1997)에서 제작 배포한 '창의성 신장 장학자료' 탐색.

⑤ 발명반 활동 운영 프로그램 내용과의 관련성 검토

2) 창의학습지 활용 방법

① 발명반 연간 프로그램에 따라 창의성 신장 학습지도 요소와 관련 되는 내용으로 구성

② 학습목표 유도, 발명동기 유발, 사전에 과제 제시, 학습 결과 확인 등의 목적으로 사용

③ '지혜의 샘'과 '창의성 신장 장학자료'의 내용 중에서 학생의 흥미, 발명학습 관련성이 높은 것을 선정하여 창의 학습지 '새로운 생각' 을 제작

④ 단계별 수준(난이도)을 고려하여 수준별 개별 학습이 되도록 고안

〈표 부록-13〉 창의력 향상을 위한 학습지 목록

번호	프로그램명	요 인	번호	프로그램명	요 인
1	내친구 얼굴	개방성	9	아름답고 향기로운 것은?	융통성
2	그림완성하기	개방성	10	꼬마전구를 달아 주세요	독창성
3	명탐정	융통성	11	이런 운동화는 어때요?	독창성
4	갖가지 구멍	유창성	12	우주탐험가	유창성
5	쇼핑백 꾸미기	독창성	13	타임머신	독창성
6	오뚝이 꾸미기	개방성	14	22세기 바다	융통성
7	꿈의 세계	융통성	15	파력을 이용하여	유창성
8	상상의 로봇	융통성	16	내가 만든 인공위성	유창성

⑪ 정보통신교육(ICT)

가. 정 보

정보는 간단히 '주관적 유의미 객체'라고 할 수 있으며, 이는 '정보'라는 독립적인 의미로 해석되어질 수 없다. 즉 인간의 의지와 무관한 객관적인 실체인 사실과 '유의미한 객관적인 객체'인 자료, 그리고 '유의미한 객관적인 객체'인 정보, '정보에 자신의 새로운 아이디어 추가'한 지식의 유기적인 관계에서 상대적으로 파악해야 한다. 이와 같은 관계 속에서 '정보'라는 개념은 결국 '필요한 자료를 잘 정리해 둔 것'으로 볼 수 있다.

나. 통 신

통신은 최근 인터넷으로 통합되었다. 즉 자료나 정보를 주고받기도 하고 특정한 곳에 저장하기도하는 등의 모든 활동을 지원하는 기술로 송신자(제공자), 수신자(수혜자)가 있으며 이를 지원하는 다양한 환경을 포괄하는 개념이다. 'ICT의 수업 활용의 개념'에서 통신은 '교수·학습에 필요한 자료나 정보를 주고받을 수 있는 기술이나 하드웨어'를 의미한다.

다. 기 술

Technology는 Techno(기술이나 기예)와 Logics(학문에 대한 사랑, 학문성)가 결합된 말로써 기술이나 기예는 과학적 지식으로 대신할 수 있으며 학문에 대한 사랑은 막연한 학문성을 의미한다고 볼 때 '정보통신기술의 수업 활용의 개념'에서 기술은 '과학적 지식(컴퓨팅 기술이나 정보 처리 기술)을 적용한 학문(앎에 대한 사랑)'을 의미한다고 볼 수 있다.

지금껏 논의한 세 가지 분석적 의미를 하나로 통합하면 다음과 같은 대안적 개념을 얻을 수 있다. "정보통신기술이란 자기에게 필요한 자료를 수집하고, 가공하고, 재창출하기 위해서 필요한 과학적 지식과 관련한 학문"

물론 앞서 정의된 것은 대안적 정의이다. 그러나 정의에서 얻을 수 있는 분명한 메시지는 "정보의 홍수 속에서 살아갈 청소년에게 정보를 수집하고, 가공하고, 새로운 정보를 창출할 수 있는 컴퓨팅 기술과 통신 기술을 미리 학습시킴으로써 미래사회가 요구하는 바람직한 인간으로 발돋움할 수 있도록 교육적 패러다임에 전환이 와야 한다."는 것이다.

정보통신기술의 활용 수업이란 "필요한 자료를 자기 스스로 수집하고, 가공하고, 재창출할 수 있는 미래 사회가 요구하는 인간을 육성하기 위해 투입되는 정보통신기술(컴퓨팅 기술, 통신 기술)을 활용한 수업을 의미한다." 결국 정보통신기술을 학습자의 학습과정 지원을 위한 외적 조건으로 교수·학습의 상황에 도입하는 개념이다.

라. ICT 활용 교육

미래학자들은 미래의 경제에 있어서 가치의 기본이 곧 창의력이 될 것으로 전망하고 있듯이 다음 세대나 후손들이 미래사회에서 생존하고 번영하도록 국민 전체의 창의성 계발을 도모해야 한다.

<표 부록-14> ICT 활용 교육 내용

영역 단계	정보의 이해와 윤리	컴퓨터 기초	소프트웨어의 활용	컴퓨터 통신	종합활동
1단계	· 정보기기의 이해 · 정보와 생활	· 컴퓨터의 구성요소 · 기초작동방법 · 컴퓨터와 건강 · 기본관리	· 교육용 소프트웨어 활용 학습	· 인터넷통신 윤리교육	· 정보검색 익히기
2단계	· 정보의 개념 · 정보윤리의 이해	· 운영체제의 기초 · 바이러스의 이해	· 워드프로세서를 이용한 자료의 작성과 관리 · 멀티미니어의 기초 · 프리젠테이션의 기본	· 인터넷 기본 사용 방법	· 통신을 이용한 자료 수집과 활용
3단계	· 정보활용의 자세와 태도 · 올바른 정보 선택과 활용	· 하드웨어와 소프트웨어의 이해 · 운영체제 사용법 익히기 · 유틸리티 프로그램 활용	· 워드프로세서의 고급기능 활용 · 다양한 교육용 소프트웨어 활용 · 프리젠테이션 활용	· 전자우편과 정보 나누기	· 정보 검색 및 활용 · 협동 프로젝트 학습

자료: 에듀넷. 2003.

"상상은 지식보다 더 중요하다."라고 한 아인쉬타인의 말처럼 창의성
은 중요하다. 따라서 지도교사는 창의성 계발을 위한 환경구성과 학생들
이 심리적 안정과 심리적 자유를 갖을 수 있는 동기부여 및 문제 표상을
제대로 할 수 있도록 해야하겠다. 학생들은 외부적인 압력에 의해서가
아니라 흥미, 즐거움, 만족, 학습 자체의 도전에 의해서 1차적으로 동기
화 될 때 가장 창조적이 된다는 사실을 잊지 말아야 한다. 이러한 창의
성은 우리를 더 즐겁고 더 재미있게 해주며 인생과 미래를 더 활기차게
해 줄 것이다. 새로운 지식 창출을 위해 창의성 계발 교육을 할 때 학생
들의 미래는 더 밝고 풍부한 삶을 영위할 것으로 본다.

〈창의성 계발 자기주도학습 자료〉

① 학교 운동장의 분수

날씨가 무척 더워졌습니다. 그늘 하나 없는 운동장에서 놀고 있는 친구들을 바라보면서 문득 좋은 생각이 떠올랐어요. 운동장 한복판에다 분수대를 설치하면 어떨까? 창밖에 분수가 솟아오르면 바라보기만 해도 저절로 공부가 잘 될 것 같군요. 그런데, 어떤 분수대가 좋을까요? 주변에서 수많은 분수대를 볼 수 있는데 솟구치는 모양과 분수대의 모양 등을 재미있게 그려보세요.

② 꿈의 놀이터

요즈음은 동네마다 어린이들을 위해 작은 놀이터를 만들어 놓았는데 친구들이 놀이터에서 기구를 타는 것을 보면 너무 불편하고 재미없이 보여서 즐겁게 놀 수 있는 시설을 만들기 위해 폐자원을 재활용하여 만들기로 했어요. 어떤 놀이 기구의 모양을 만들고 싶은가요? 그리고 설명해 보세요.

③ 두 개를 붙이면 더 편한 것은?

쓰고 있는 물건들 중에는 여러 가지가 합쳐져서 쓰기 편해진 것이 있어요. 쓰고 있는 물건들 중에서 두 개를 붙이면 더 편한 것은 무엇이 있을 수 있을까요? 잘 생각해서 발명품을 만들어 봅시다.

(예) ● 전기 밥솥에 시계를 붙여서 예약 전기밥솥이 됩니다.

● 의자에 바퀴를 붙여 휠체어를 만들기도 했지요.

☆ 어떤 모양일까요?

☆ 어떻게 사용할까요?

④ 얼굴 모습은 가지가지

친구들의 모습은 하루에도 약 6만 4천 번이 바뀐다고 합니다. 오늘은 어떤 모습으로 집에서 출발하여 지금은 어떤 모습을 하고 있나요?

● 옛날 이야기를 들으면 어떤 흉내내는 말이 떠오를까요?
● 친구들과 이야기를 하며 즐거워 웃는 소리를 써 보세요.
● 친구들과 이야기를 하면서 슬퍼 우는 모습을 흉내내어 써 보세요.
● 눈을 감고 조용히 귀를 기울여 주변에서 들리는 소리를 써 보세요.

⑤ 꽃들이 말을 해요

꽃밭에 있는 예쁜 꽃들이 기침을 하며 시들어 가고 있어요. 공기가 나빠서 일까요? 아니면 다른 이유 때문일까요? 말 주머니를 넣어 만화로 꾸며 보아요. 아파하는 꽃들이 사람들에게 그렇게 하지 말라고 부탁하고 있어요. 무슨 말을 하고 있는지 자세히 듣고 친구들과 이야기해 보세요.

· 저자 ·

김건용
(金建勇)

· 약 력 ·
군산교육대학교 교육학과 졸업
건국대학교 교육대학원 교육학석사
명지대학교 대학원 교육학박사
한국청소년학회정회원
국제영재교육연구회 회장
국제문화대학원대학교 사회교육학과 주임교수

· 주요논저 ·
「청소년 발명동아리 운영을 통한 창의성 향상 프로그램에 관한 연구」
「청소년조직행동에 관한 연구」
『영재교육과정론』
『영재교육발전론』
『청소년조직행동론』(공저)
『청소년리더십론』(공저)
『여러나라 영재교육』(공저)
외 다수

· 표창
특허청장 2회
교육부총리 외 30여회
한국학교발병협회장상(발명연구) 2회
특허청장(발명교육) 2회
교육부총리(창의성교육) 1회

발명교육을 통한 창의성 효과

· 초판 인쇄	2006년 2월 20일
· 초판 발행	2006년 2월 20일
· 지 은 이	김건용
· 펴 낸 이	채종준
· 펴 낸 곳	한국학술정보㈜
	경기도 파주시 교하읍 문발리 526-2
	파주출판문화정보산업단지
	전화 031) 908-3181(대표) · 팩스 031) 908-3189
	홈페이지 http://www.kstudy.com
	e-mail(e-Book사업부) ebook@kstudy.com
· 등 록	제일산-115호(2000. 6. 19)
· 가 격	20,000원

ISBN 89-534-4704-6 93370 (Paper Book)
　　　 89-534-4705-4 98370 (e-Book)